जैनेन्द्र कुमार की कृतियाँ

एक अध्ययन

जैनेन्द्र कुमार की कृतियाँ

एक अध्ययन

अर्चना कुमारी

रिसर्च इंडिया प्रेस
नई दिल्ली

ISBN : 978-93-5171-068-8

मूल्य : रु. 550/-

प्रथम संस्करण : 2017

प्रकाशक :
रिसर्च इंडिया प्रेस
ई-6/34, संगम विहार
नई दिल्ली-110062
दूरभाष : 011-26047013, मोबाइल : 9818085794
E-mail: researchindiapress@gmail.com

टाईपसेटिंग
जी. आर. शर्मा

गुरूवर प्रो० नरेश मिश्र

को

सादर समर्पित

विषय-सूची

आभार

इस पुस्तक के लेखन कार्य में लब्ध–प्रतिष्ठित विद्वानों, गुरूओं एवं मित्रों का योगदान मुझे प्राप्त हुआ है। सर्वप्रथम मैं अपने गुरूवर प्रो. नरेश मिश्र जी का धन्यवाद करती हूँ। समय–समय पर उनका मार्गदर्शन प्राप्त होता रहा।

यदि गुरूवर श्री नरेश मिश्र जी का आशीर्वाद प्राप्त नहीं होता तो इस पुस्तक का लेखन सम्भव न होता। मैं इसी क्रम में अपने पति श्री राजेश सेकवाल जी एवं बड़े भाई श्री जगपाल सिंह जी का भी धन्यवाद करती हूँ, जिनकी सलाह मुझे समय–समय पर मिलती रही तथा रिसर्च इंडिया प्रैस का भी आभार व्यक्त करती हूँ।

– अर्चना कुमारी

अध्याय - 1

भूमिका

हिंदी साहित्य जगत में युगप्रवर्तक की उपाधि प्रेमचंद को दी गई है। कहानी और उपन्यास के माध्यम से प्रेमचंद ने ही मानव जीवन का यर्थाथ चित्र प्रस्तुत किया है। प्रेमचंद को केन्द्र मानकर कथा साहित्य काल का विभाजन किया गया। हिंदी साहित्य को तीन भागों में विभाजित किया गया है। 1 पूर्व प्रेमचंद युग 2 प्रेमचंद युग 3 प्रेमचंदोतर युग।

जैनेन्द्र कुमार का आगमन प्रेमचंद युग में हुआ परलीकरने जी ने जैनेन्द्र जी के कथा साहित्य के योगदान के संबध में अपने विचार व्यक्त किए है "कथा साहित्य के साहित्य में जैनेन्द्र के नाम से कोई स्वतंत्र युग का जन्म नही हुआ, लेकिन फिर भी उनका उल्लेख नये युग प्रवर्तक के रूप में हुआ है और नये युग का जुडाव हिंदी के मनोवैज्ञानिक कथा साहित्य से देखा जाता है। जैनेन्द्र का जन्म उत्तर प्रदेश में अलिबाग जिले के कोडियागंज में 2 जनवरी 1905 में हुआ था। जैनेन्द्र की माँ का नाम रमादेवी और पिता का नाम प्यारेलाल था। उनका असली नाम आनंदीलाल था। जब उनका गुरूकुल में प्रवेश हुआ तब नाम बदलकर जैनेन्द्र

लिखवाया गया। साहित्य जगत् में पहचान उनको जैनेन्द्र नाम से ही मिली।

पालन–पोषण जब जैनेन्द्र के पिताजी प्यारेलाल का देहांत हुआ उस समय उनकी आयु केवल 2 वर्ष की थी। पिताजी की मृत्यृ के पश्चात् उनका पालन–पोषण उनकी माॅ रमादेवी और मामा भगवान दीन ने किया। अब सारा भार उनकी माँ रमादेवी पर आ गया था।

शिक्षा जैनेन्द्र की शिक्षा की शुरूआत उनके मामा भगवानदीन द्वारा स्थापित गुरूकुल से हुई। मैट्रिक की परीक्षा उन्होनें सन 1919 में बिजनौर से उतीर्ण की। महाविद्यालय की शिक्षा बनारस हिंदु विश्व विद्यालय से हो रही थी। लेकिन 1921 में महाविद्यालय की शिक्षा बीच में ही छोडकर वे महात्मा गाँधी जी के आंदोलन में सम्मिलित हो गये। आंदोलन में शामिल होने के पश्चात् उन्हें तीन बार जेल जाना पडा। जैनेन्द्र ने कुछ समय के लिए व्यापार भी किया। बाद में उन्होनें स्वय को साहित्य के हाथो में सौप दिया, अर्थात समर्पित कर दिया।[1] जैनेन्द्र कुमार के मामा धार्मिक पुरूष थें। माॅ और मामा दोनो के संस्कारा का प्रभाव जैनेन्द्र पर पडा। वे ईश्वर में विश्वास रखते थे। ईश्वर में उनकी अटूट आस्था थी। वे दिगंबरी जैन संप्रदाय के जैनी थे।

पारिवारिक जीवन जैनेन्द्र का विवाह भगवती देवी के साथ 1929 में हुआ था। विवाह से पहले उन्होने पत्नी को देखा नही था। जैनेन्द्र का विवाह माॅ की इच्छानुसार हुआ था। उनकी पत्नी भगवती देवी अनपढ थी, वह सभी प्रकार की परिस्थितियों में निर्वाह करने वाली श्रम, कष्ट, दुख आदि सहन करने वाली साध्वी स्त्री थी। वह अपने पति से अत्यधिक प्रेम करने के कारण

उनके स्वास्थ्य के लिए घर की चक्की पर ही अनाज पिसती थी। इस अनोखे संबध के लिए गोविंद मिश्र ने कहा है, पत्नी भगवती स्वयं ही गेहूँ पीसकर जैनेन्द्र के लिए रोटी बनाती थी।[2]

जैनेन्द्र जी का भरा पूरा परिवार रहा है उनकी पॉच संताने थी। उनमें दो पुत्र और तीन पुत्री थी। जैनेन्द्र के पुत्रो के नाम दिलीप कुमार और प्रदीप कुमार है। उसी प्रकार पुत्रियों के नाम है –कुमुद, कुसुम और कनक है। उनकी तीनों कन्याएँ विवाहित है।

जैनेन्द्र ने 'पूर्वादय प्रकाशन' आरंभ किया था। शुरूआत में इसकी देखभाल जैनेन्द्र स्वयं ही करते थे। कुछ समय बाद उनका बडा पुत्र दिलीप कुमार इसकी व्यवस्था करने लगा। लेकिन समय से पहले ही दिलीप कुमार की मृत्यृ हो गई, उसके बाद 'पूर्वादय प्रकाशन' की व्यवस्था की जिम्मेदारी जैनेन्द्र के छोटे पुत्र प्रदीप कुमार के हाथों में सौप दी गई। जैनेन्द्र कुमार के जीवन में कुछ दुखद भरी घटनाओं ने महत्वपूर्ण स्थान लिया। सन् 1935 में उनकी माँ का देहांत हो गया। मॉ का दुख अभी कम हुआ नही था। कि उनके बडे बेटे दिलीपकुमार की भी मृत्यु हो गई। मॉ और बेटे की मृत्यु ने उनको खोखला कर दिया। अब उनका सहारा उनकी पत्नी भगवती ही है। पर भगवान को कुछ ओर ही मंजूर था, उनकी संगिनी भगवती देवी की भी मृत्यु हो गई। अब समय ने ऐसी करवट ली कि वे बिल्कुल ही अकेले हो गये। जैनेन्द्र कुमार के रहन–सहन की बात की जाये तो वह बिल्कुल ही साधारण है। वे खादी पहनते थे, कम हॅसते थे लेकिन जब कभी हॅसते थे एकदम मन की गहराई के साथ हॅसते थे। वे स्पष्टवादी सरल एवं ईमानदार थे। जितना सीधा सादा उनका जीवन था,

उनके विचार उतने ही उच्च कोटि के थे जैनेन्द्र जी महात्मा गॉधी के विचारो से अत्याधिक प्रभावित थे। अपने साहित्य से उन्होने समाज में अपना उच्च स्थान निर्धारित किया है। जैनेन्द्र जी को समाज में एक सफल लेखक एवं एक अच्छे विचारक के रूप में जाना जाता है।

आंतरिक जीवन की बात कही जाये तो जैनेन्द्र का जीवन बचपन से ही सघर्षमय रहा है। उनकी स्थिति शुरूआत से ही दयनीय रही है। उनके जन्म के दो वर्ष बाद ही पिता की मृत्यु हो गई। पिता की मृत्यु के बाद उनको माँ के साथ अपने मामा के घर रहना पडा। जैनेन्द्र के मन को, ''उनके पिताजी की मृत्यृ से गहरा धक्का लगा था। इसलिए वह अंदर ही अदंर घुटते रहते, अंग्रेजो के अत्याचार को देखकर।

जैनेन्द्र ने महात्मा गॉधी जी के अहसकार आदोंलन में सम्मिलित हुए। जैनेन्द्र ने अपने साहित्य के द्वारा व्यक्ति की पीडा को दर्शाता है। उन्हें आजादी पाने की चाह थी लेकिन आजादी के बाद जीवन डगमगा गया। समाज में प्रचलित विधवा की समस्या, वैश्या समस्या, दहेज समस्या भारत की दरिद्रता स्वयं की आर्थिक कमजोरी के कारण वे खुद से ही झगडते रहे और उन्होंने व्यक्ति की पीडा और अतंर्द्वद्व को ही अपने साहित्य का विषय बनाया। जैनेन्द्र पारिवारिक जीवन में सफलता न पा सकें। शकुंतला शर्मा ने उनके विषय में लिखा है जैनेन्द्र और उनके बडे पुत्र दिलीप कुमार के बीच अनबन रहती थी। उन दोनो की आपस में नही बनती थी। जैनेन्द्र जी अंत समय तक किराये के मकान में रहे उन्हें किसी भी प्रकार की कोई सुविधा नही मिल पाई।[3] पत्नी की मृत्यु होने से उन्हें बहुत गहरी चोट पहुँची। इसी कारण

जैनेन्द्र जी की मानसिक अवस्था शुरू से लेकर अंत तक सघर्ष से झूझंती रही।

जैनेन्द्र का साहित्य सृजन – जैनेन्द्र कुमार अपनी आंतरिक और बाह्य जीवन के दुखों से विवश होकर साहित्य सृजन की और कदम बढाते है। बाह्य जीवन से निराशा और आर्थिक स्थिति का अभाव उनके मन की पीडा को अंदर ही अदंर बढाता रहता है। ऐसे में उनकी इच्छा होती है कि वह अपने मन के बोझ को शब्दो में लिखकर कम करेंगे। इसलिए उनका भाव साहित्य की ओर उन्मुख होता है। प्रारभिक अवस्था में धनोपार्जन के लिए ही उन्होनें साहित्य की रचना की है वह शुरू में साहित्य से लाभ ही कमाना चाहते थे। लेकिन समय समय पर विभिन्न पत्र–पत्रिकाओं की मांग, रेडियों पर प्रसारित होने वाले उनके उपन्यास धारावाहिकों की मांग ने उन्हें लिखने पर मजबूर कर दिया। परन्तु बाद के उपन्यास जैसे सुखदा, विर्वत अनन्तर और कहानियॉ तो मानो उनसे जबरदस्ती लिखवायें गये है। साहित्य में बढती रूचि कहानी और उपन्यास के साथ–साथ निबंध के रूप में उभरकर सामने आयी। साहित्यकार के रूप में इतनी सफलता मिली, कि जब प्रश्नकर्ता कागज कलम लेकर उनके पीछे पडते, तो वो अपने आपको बचा नही पाते, उन्हें जवाब देना ही पडता था। समय और हम जैसे बृहद दार्शनिक ग्रंथ को 18 माह तक के अनवरत प्रश्नोत्तर की प्रकिया द्वारा ही पूर्ण किया जा सका है। उन्होंने कहानी, उपन्यास, निबंध संस्मरण आदि कई गद्य–विद्याओं को समृद्व किया।

जैनेन्द्र द्वारा रचित उपन्यास – जैनेन्द्र जी के उपन्यासों की संख्या 13 है वे इस प्रकार है –त्यागपत्र, सुखदा, कल्याणी

परख, सुनीता, जयवर्धन, विवर्त, मुक्तिबोध, व्यतीत, अनंतर, अनाम–स्वामी और दर्शांक। उपन्यास के संदर्भ में जैनेन्द्र के विचार – साहित्य के संबंध उन्होनें अपने विचार व्यक्त किये है। उनके मानव जीवन का सारा विकास सत्य के साक्षात की चेष्टा का परिणाम है। 'मानव जीवन' की चेष्टा के परिणाम स्वरूप जो अनुभूति शब्दो कें रूप में सामने आती है। उसी को साहित्य का नाम दिया गया है।[4] जैनेन्द्र की यह परिभाषा व्यापक आधार पर प्रतिष्ठित है। इसमें सभी विरोधो का परिहार हो गया है। समाज और व्यक्ति के बीच सामजस्य और समस्वरता स्थापित करने की चेष्टा ने ही मनुष्य को संस्कारित किया है। सत्य की धारणा वैज्ञानिक दार्शनिक और शिवत्व की ओर अग्रसर हो सकता है। लेकिन यह विनय और प्रेम पर ही निर्भर करता है। इन दोनों का कोई विरोधी है तो वह है अहंकार। साहित्य की कसौटी ही अहंकार का विसर्जन है।

"साहित्य की कसौटी वह संस्कार शीलता है। जो हृदय से ह्रदय का मैल चाहती है। और एकांत में निष्ठा रखती है। सह्रदय का चित्त मुद्रित करता है वह साहित्य खरा है जो सकुचित करता है वह खोटा"[5]

इसलिए जैनेन्द्र की मान्यताऍ भारतीय संस्कृति परंपरा के अनुकूल है। उन्होंने अपने साहित्य में अहंकार को आत्मपीडा के रूप में दिखाया गया है। हमकह सकते है कि साहित्य में ही अहंकार को ग्लाने की ताकत है। यह आत्मपीडन एक प्रकार का तप है। इसका समर्थन अहिंसा के दर्शन से होता है। जैनेन्द्र का जीवन सत्य के अनेक बिदुओं और कोणो से जुडा है। जैनेन्द्र मानव के अस्तित्व को सोदेश्य मानते हुए भी उसे दर्द में गलाकर शुन्य बना देते है। इसमें कोई भी संदेह

नही है कि जैनेन्द्र के उपन्यासो के पात्रो का यह दर्द अदभूत आकर्षण उत्पन्न करने में सक्षम है। जैसे त्यागपत्र उपन्यास का एक अप्रधान पात्र स्वयं लेखक ही है। 'सुखदा' और व्यतीत उन्होनें आत्मकथात्मक शैली में लिखा है 'कल्याणी' एवं जयवर्धन को उन्होनें डायरी शैली में लिखा है। जैनेन्द्र जी का हरेक पा्त्र किसी न किसी पक्ष का प्रतीक है। प्रतीकात्मकता होने के कारण ही उनके उपन्यास में रहस्यमता भी आ गई है और उपन्यास मानसिक सत्य की अभिव्यक्ति के माध्यम बन गये है। जैनेन्द्र जी अपनी सारी कलात्मक गुणता होने के बाद भी सहजता से चूक गये है अर्थात उससे दूर होते गये है।[6]

जैनेन्द्र द्वारा रचित कहानियों को भागों में विभाजित किया है। जैसे पाजेब, टकराहट, अपना पराया, लाल सरोवर किसका रूपया, भद्रबाहु, बाहुबली, उर्ध्वबाहु, साधु की हठ, फॉसी, चोरी, महामहिम दो सहेलियॉ, धुव्रयात्रा आदि उनकी प्रचलित कहानियॉ है। उन्होनें कहानी के विषय में कहा है कहानी इतिवृत्त ही है, कहानी में तनाव का अनुभव, कुछ स्पदंन ही तो कहानी का रस है। कहानी में रस का अनुभव घटना के द्वारा भी कराया जा सकता है। और बिना घटना के भी इसका अनुभव कराया जा सकता है। कुछ ऐसी भी कहानियॉ है जिनमें घटना तो नही है लेकिन वह रस से भरपूर है।[7] जैनेन्द्र घटना के सत्य को महत्व नही देते, वह स्थिति और गति के द्वंद में ही कहानी की सार्थकता मानते है। जैनेन्द्र जी कहते है – आत्मा अमर होती है, शरीर मृत होता है मेरा मानना है कि उन कहानियों में स्थापित्व अधिक होगा जिनमें दैहिकता स्वरूप और भावात्मकता ही उत्कंठा है।''[8]

जैनेन्द्र की कहानी के स्थूल उपादानो से परे भाव, अनुभूति, मनस्थिति या मनोवैज्ञानिक सत्य को ही व्यक्त करना चाहते है। उनकी कुछ कहानियॉ घटना प्रधान भी है। लेकिन इन सब में उन्होनें प्रधानता मनोवैज्ञानिक सत्य को ही दी है। उन्होनें कहा है, कहानी तो अपने आप ही जन्म ले लेती है। उसके लिए खास मेहनत नही करनी पड़ती। लेखक कहानी के लिए किसी भी घटना को, सत्य को या भाव को अनुभव करता है, और पकड लेता है। इन सबको लेखक मन में बैठा लेता है बस फिर कहानी शुरू हो जाती है। और आगे बढती ही चली जाती है। यदि हमारी अनुभूति सत्य है तो हम निःसदेंह सही रास्ते पर ही जायेगें।[9]

जैनेन्द्र कुमार प्रारम्भ से ही अंतमुर्खी प्रवृत्ति के कलाकार रहे है। पिता की मृत्यु के कारण संसार के अनेक अभावो का सामना उन्हें करना पडा। केवल मॉ के स्नेह से पल्लवित होने वाले जैनेन्द्र के लिए अतंमुर्ख होना स्वाभाविक था। इसी कारण उन्होनें अपनी कई कहानियॉ मा–बेटे को माध्यम बना कर लिखी है। उनमें बाल मनोविज्ञान का भी अदभूत चित्रण है। वे दार्शनिक होने के नाते जड–चेतन भेद से उपर उठकर तत्सत भाव को कहानी माध्यम से व्यक्त करते है। नयी कहानी के सबंध में जैनैन्द्र जी कहते है। कहानी लिखते लिखते मैं आज नतीजे पर पहुचा हूँ इस सभंव्यता के लिए बौद्विक विलक्षणता को जितना कम कष्ट दिया, उतना अच्छा है। अपेक्षा वहां मुख्य तौर पर हार्दिकता की है।[10] जैनेन्द्र ने पाठको के मन को स्पर्श करने की कोशिश की है।

अब बात जैनेन्द्र की भाषा की आती है। उनकी भाषा मुख्यतः उनके चिंतन की भाषा है। वे सोच–समझकर नही

लिखते। सोचते समय ही लिखते है। इसलिए कही वो प्रश्न करते हुए, कही उत्तर देते हुए कही तर्क–वितर्क से कथन को पुष्टि देते हुए उनकी विचारधारा चलती रहती है। विचारधारा से पाठको के अंदर महत्वपूर्ण बातों का एहसास बना रहता है। बातों को समझाने के लिए उदाहरण भी देते है। उनके शब्द बलिदान भाषा के होते है। साहित्य की भाषा में वह व्यजंना को अधिक सर्वोपरि मानते है। इसलिए कहा गया है कि जैनेन्द्र की भाषा शैली उनकी व्यक्तित्व की भंगीमा की ही अभिव्यक्ति है। जैनेन्द्र जी का व्यक्तित्व एक ऐसी उलझन है जो पहेली से भी अधिक गूढ है।

जैनेन्द्र के संदर्भ में अन्य साहित्यकारो की दृष्टि – संपादक गोपाल राय– " इनके अनुसार भाषा शैली में अनेक कौशल दिखाई पडते है।[11]

प्रेमचंद – " तुम गोर्की को चाहते हो? हिंदुस्तान में अगर कोई गोर्की है या कभी हो सकता है तो वह जैनेन्द्र ही है " ।[12]

डा0 रामरतन भटनागर– इनके अनुसार जैनेन्द्र ज्ञान की नहीं कर्म की नही, साहित्य में मन की भाषा व्यक्त करते है। लेकिन मन की भाषा विवेक मूलक नही है विवेक में मनुष्य की पराजय है, ऐसा जैनेन्द्र स्वयं मानते है इसलिए जैनेन्द्र विशुद्ध भाव देना चाहते है। या भाव निष्ठ विवेक देना चाहते है। भाषा की सारी व्यजंनाशक्ति से उन्होनें अपने सिद्वांन्त एवं निष्ठ भाव से जगत को चित्रित किया है "[13]

जनकी बल्लभ शास्त्री – उन्होनें जैनेन्द्र के विषय में कहा है वो बेशक रूखडी खादी पहनते थे। लेकिन भाषा की बनावट के लिए तो बारीक से बारीक रेशमी धागे का ही प्रयोग

करते है। उन्होनें कथ्य शिल्प के गीले इधंन को चिंतन की चिंगारियों से ही सुलगाया है ''।[14]

श्री प्रभाकर माचवे ने कहा है ''जैनेन्द्र जी ऐसी सुलझन है, जो पहेली से भी अधिक गूढ है। वे इतने निरभिमान है कि वही उनका अभिमान है। वे परिस्थितियों से ऐसे आबद्व है कि उसी में उन्होनें अपनी मुक्ति मान ली। व्याकरण की दृष्टि से देखा जाये तो जैनेन्द्र जी की भाषा एक प्रकार की उबड–खाबड पन की अवस्था है। किंतु इसका मुख्य कारण शब्दो में संदर्भ और अर्थ भंगिमा भर देने की उत्कृष्ट इच्छा है। अंदर की बात उसी रूप में बाहर ऐसा जैनेन्द्र चाहते है। इसलिए वो मन के अनुकुल शब्दों को ढाल लेते है। उन्होनें अपनी भाषा में उर्दू के सैकडों शब्दो का प्रयोग किया है। उनकी भाषा में अंग्रेजी शब्दो की भी कमी नही है। तात्पर्य यह है कि उनका अपना व्यक्तित्व है अपना सोचने का ढंग है उनके साहित्य में उनका चिंतन और चिंतन प्रक्रिया दोनो ही सफल हुई है। इस दृष्टि से देखा जाए तो समूचे हिंदी साहित्य में उनका साहित्य अतुलनीय है। इसलिए हर विषय सिमटकर सत्य के अखंड बिंदु पर एक हो जाता है और भाषा शैली का भेद मिट जाता है।[15]

डा0 पुरूषोतम दूबे –प्रेमचंद की पंरपरा से हटकर जैनेन्द्र ने अपनी कृतियॉ को सामाजिक सदंर्भो से अलगवादी धरातल पर खडा कर दिया और दूसरी और तो शुद्व साहित्यिक प्रकृति प्रदान की।[16]

डा0 निर्मला कुमारी जैन – नारी–पुरूषों की समस्या को लेकर जैनेन्द्र ने हिदी कहानी में जो पहल की उससे एक पूरा क्षेत्र प्रयोग के लिए उन्मुक्त हो गया।[17]

डा0 रामचद्र तिवारी – हिंदी में मनोवैज्ञानिकता, दर्शन अध्यात्म और भाव निष्ठा को कला चेतना के साथ संप्रृक्त करने का श्रेय जैनेन्द्र को प्राप्त है। उन्हें शरतचंद्र और रवीन्द्र के परिपार्श्व में रखकर देखा गया है वे गंभीर विचारक और समर्पित कलाकार है।[18]

हिंदी साहित्य के इतिहास में नारी स्वतंत्रता को महत दी गई उन्होनें अपनी नायिकाओं को साधारण नारी नही माना है। जैनेन्द्र जी ने कहा है कि मेरी नायिकाएं अपने अतंर मन की प्रेरणा के अनुसार व्यवहार करने वाली नारी है। प्रेमचंद भी अपने उपन्यासों में विधवा के पुर्नविवाह का समर्थन करते है, जैनेन्द्र ने अपने परख उपन्यास में यह प्रत्यक्ष दिखाया है। परख उपन्यास में उन्होनें कटटो और बिहारी का पुनर्विवाह कराया है। उन्होनें अपने उपन्यास जैसे त्यागपत्र, कल्याणी सुनीता आदि सभी को स्वतंत्र नारियों के रूप में प्रस्तुत किया है। इसका एक ओर प्रतीक उन्होनें मुक्तिबोध उपन्यास जैसे त्यागपत्र, में नायिका और प्रेयसी के परस्पर सबंध से दिखाया है।

जैनेन्द्र कुमार जी ने हिंदी साहित्य जगत की लगातार 57 वर्ष तक सेवा की। उन्होनें 1928 से लिखना प्रारभ किया और 1985 तक लिखते रहे। फिर सन 1985 में उनकी पत्नी की मृत्यु हो गई, जिससे उन्हें गहरा आघात पहुचॉ। इससे उनको सदमा पहुँचा, वे खामोश रह गये। पत्नी की मृत्यु के कुछ ही महिनों पश्चात् वे पक्षाघात के मरीज होगये'' । 21–22 करीब दो वर्ष तक वह गंभीर हालत में रहें, इसके बाद 24 दिसंबर 1988 में जैनेन्द्र कुमार ने अपनी अंतिम सॉस ली। वो अपने जीवनसंग्राम से लडते लडते मुक्त हो गये। इसलिए

कहा जाता है कि जैनेन्द्र जी के निधन के साथ हिंदी कथा साहित्य के एक युग का भी अंत हो गया।

जैनेन्द्र कुमार को अपनी विभिन्न कृतियों के लिए विभिन्न पुरस्कार भी प्राप्त हुए। जैनेन्द्र को सन 1929 में परख उपन्यास के लिए इंडियन अकादमी इलाहाबाद द्वारा 500 रू0 का नकद पुरस्कार मिला। फाँसी कहानी–सग्रंह के लिए सन 1952 में काग्रेंस के कार्यकताओं द्वारा पुरस्कार मिला। पाप और प्रकाश नाटक और प्रेम में भगवान कथा संग्रह दोनो के लिए 1952 भारत शिक्षा मंत्राालय द्वारा पुरस्कार प्रदान किया गया। मुक्तिबोध उपन्यास को 1965 में साहित्य अकादमी द्वारा 5000रू की राशि का नकद पुरस्कार मिला।

जैनेन्द्र कुमार को उनकी कृतियों के लिए सम्मानित भी किया गया। जैसे 1971 में उनको पदमभूषण, भारत सरकार नई दिल्ली द्वारा सम्मानति किया गया। डी0 लिट की उपाधि ा उनको लगातार 1972–1973 दोनो वर्ष प्राप्त हुई। 1972 में आगरा विश्व विद्यालय और 1973 में दिल्ली विश्व विद्यालय द्वारा 1972 में उन्हें साहित्य वाचस्पति से हिंदी साहित्य सम्मेलन, प्रयाग ने सम्मानित किया।

गुरूकुल कांगडी विश्वविद्यालय, हरिद्वार द्वारा 1973 में उन्हें विद्या वाचस्पति से सम्मानित किया गया। इसके अलावा अन्य उपाधियो से भी उन्हें समय समय पर सम्मानित किया गया।

जैनेन्द्र कुमार को अपने सृजनशील साहित्य के लिए देश–विदश की यात्रा करने का अवसर भी कान्फ्रेस के निर्मित स्विटजरलैण्ड और यूरोप की यात्रा की सन 195। में उन्होने इटंर नेशनल रायटर्स कान्फ्रेस पैकिग में चीन डेलिगेशन का

नेतृत्व सभाला। साहित्य की सीढियों पर चढते चढते जैनेन्द्र को अनेको बार विदेशो की यात्रा करने का अवसर मिला। न्यूयार्क, श्री लंका, जापान आदि बहुत सी जगहो पर जाने का अवसर प्राप्त हुआ।

जैनेन्द्र का हिंदी साहित्य व्यापक है। इनके कथा साहित्य एवं चितंन के विभिन्न आयामों पर लगभगे 75 शोधप्रबंध लिखे गये जो साहित्य जगत में उनकी उपस्थिति की पहचान बनाये रखने के लिए पर्याप्त है।

सन्दर्भ - सूची

1. मराठी, विश्वकोश भाग – 6, महाराष्ट्र साहित्य संस्कृति, मंडक मुम्बई पेज – 587
2. धर्मयुग (मई 1988) – गोविंद मिश्र पेज – 47
3. जैनेन्द्र की कहानियों का मूल्यांकन – डॉ. शकुन्तला शर्मा, पेज – 43
4. साहित्य का श्रेय और प्रेम – जैनेन्द्र कुमार, पेज – 20
5. साहित्य का श्रेय और प्रेम – जैनेन्द्र कुमार, पेज – 133
6. हिन्दी का गद्य साहित्य – डॉ. रामचन्द्र तिवारी, पेज – 451
7. साहित्य का श्रेय और प्रेम – जैनेन्द्र कुमार, पेज – 342
8. साहित्य का श्रेय और प्रेम – जैनेन्द्र कुमार, पेज – 344
9. साहित्य का श्रेय और प्रेम – जैनेन्द्र कुमार, पेज – 378
10. ज्ञानोदय – समकालीन भारतीय विशेषांक नवंबर 1954, पेज 11
11. समीक्षा – 25 मार्च 1989, सम्पादक गोपाल, पेज – 2
12. प्रेम में भगवान तथा अन्य कहानियाँ, मुख पृष्ठ का अंतिम भाग

13. जैनेन्द्र साहित्य और समीक्षा, डॉ. रामरतन भटनागर, पेज – 242
14. धर्मयुग, 8 जून, 1989 – जानकी वल्लभ शास्त्री, पेज – 7
15. साहित्य का श्रेय और प्रेम प्रस्तावना, प्रभाकर माचवे, पेज – 4
16. व्यक्ति चेतना और स्वातंत्रयोत्तर हिन्दी उपन्यास, डॉ. पुरुषोत्तम दुबे, पेज – 187
17. जैनेन्द्र की सर्वश्रेष्ठ कहानियाँ – डॉ. निर्मला जैन प्रस्तावना, पेज – 12
18. हिन्दी का गद्य साहित्य – डॉ. रामचन्द्र तिवारी, पेज – 437

अध्याय - 2

जैनेन्द्र : एक कहानीकार के रूप में

जैनेन्द्र कुमार एक व्यक्तिवादी साहित्यकार है। जैनेन्द्र से पूर्व समाज की समस्याओं को आधार बनाकर साहित्य का सजृन प्रमचंद ने ही किया था। उन्होने व्यक्ति के आंतरिक संघर्ष को समझने का प्रयत्न मनोविज्ञान के द्वारा ही किया है। अर्थात हम कह सकते है कि जैनेन्द्र ने व्यक्ति के विभिन्न रूपों को अपनी कहानियों के माध्यम से दर्शाया है। उनकी सभी कहानियों में व्यवहारिक जीवन को देखा जाता है। जैनेन्द्र कुमार द्वारा लिखित कहानियों का विवरण इस प्रकार है –

पाजेब

पाजेब कहानी में जैनेन्द्र कुमार ने बाल–कलाकारों के माध्यम से कथा को गति प्रदान की है। कहानी में आशुतोश की बहन की पाजेब खो जाती है। घर में सभी लोग इस बात के लिए आशुतोश को दोषी ठहराने लगे, कि आशुतोश ने पाजेब बेचकर पतंग खरीद ली है। परिवार के डर से आशुतोश पाजेब न चुराने पर भी, चोरी के लिए हाँ कर देता है। आशुतोश अपने बचाव के लिए छुन्नु को आगे कर देता है।

वह कहता है उसने पाजेब छुन्नु को दी है। अब छुन्नु को बार बार पाजेब लाने के लिए कहा जाता है लेकिन छुन्नु कहता है कि पाजेब पंतग वाले को दी है। परन्तु वास्तविकता सामने तब आती है, जब संध्या को आशुतोश की बुआ घर आती है, और वह कहती है कि पाजेब उसके सामान के साथ चली गई थी।

टकराहट

टकराहट कहानी में कैलाश आश्रम में रहता है। वह आश्रम में रहना चाहता है, कितुं उसकी कामभावना उसे विचलित कर देती है। न तो कैलाश आश्रम को छोड़ सकता है और न ही इच्छाओं को दबा सकता है। लिली एक विदेशी लड़की है वह भी अपने आप से लडती हुई, कैलाश के आश्रम में पहुचॅती है। वह कैलाश को अपनी ओर आकर्षित करती है। स्वयं कैलाश की ओर आकर्षित होती है। वह भी अतृप्त नारी है। अपनी काम वासना को दबाने के लिए रात 3 बजे उटकर भी काम में लग जाती है। लिली कुछ समय पश्चात् यहाँ से चली जाती है। तब कैलाश कहता है कि ''व्यक्तित्व का पूर्ण विकास सहजता से ही होता है, तपस्वी बनने से तो व्यक्तित्व का पतन होता है।''[1]

एक रात

जयराज और सुदर्शना एक–दूसरे से प्रेम करते है। सुदर्शना अन्यत्र विवाहित है। विवाह के पश्चात् भी सुदर्शना जयराज से मिलना नही छोड़ती। उन दोनों का प्रेम केवल वासना तक ही सीमित नही है। उनका प्रेम तो आत्मा की गहराई तक का है।

सुदर्शना का पति भी उससे बहुत प्रेम करता है, परन्तु सुदर्शना स्वयं को उसके प्रति समर्पित नही कर पाती। विवाह के पश्चात् एक दिन जब वह कुछ नही कह सका, वह बस इतना ही कहता है– प्रेम के हाथो विवश हूँ, असभ्य हूँ, दुराचारी भी हूँ, पर सब कुछ होते हुए भी मैं तुम्हें त्याग नही सकता। इन बातों से उसके व्यक्तित्व की महानता तो सामने आती ही साथ– साथ उसके अवगुणो का भी बखान होता है ''[2]

किसका रूपया

किसका रूपया कहानी में जैनेन्द्र ने कहानी के दो पहलूओं पर प्रकाश डाला है। अध्यापक का बालक के विकास पर प्रभाव और बच्चों की चीजें खो जाने पर परिजनों की मार का डर। बच्चों के विकास पर स्कूल के अध्यापक का महत्वपूर्ण योगदान होता है। शिक्षक रमेंश को अन्य बच्चों की अपेक्षा अधिक होशियार मानते है। एक दिन रमेश के कुछ सवाल गलत होने पर, एक शरारती बच्चा शिक्षक का मजाक उडाता है। इसलिए शिक्षक रमेश पर गुस्सा निकालते है। शिक्षक के ऐसा करने से अन्य बच्चों पर इसका गलत प्रभाव पड़ता है। अब रमेश दुखी होकर चला जाता है। न अब उसमें कोई इच्छा है, न अनिच्छा न क्रोध है न खुशी। बस एक मात्र उलझन ही रहती है।

कहानी का दूसरा मोड़– एक छोटी बच्ची का एक रूपया गुम हो जाता है। खोए हुए रूपये को बच्ची के साथ साथ लेखक भी ढूढंने की कोशिश करता है। लेखक रूपया न मिलने पर भी अपनी जेब से निकाल कर रूपया नही देता। फिर उसको पता चलता है कि रूपया उसके बेटे को ही मिला है, तब उसे दुख होता है। बच्ची रूपये के खो जाने से नही

डरती, माँ की मार से डरती है। कहानी के अनुरूप एक बच्चे के विकास में स्कूल के शिक्षक और घर के परिजनों का महत्वपूर्ण योगदान होता है।''[3]

दिन, रात और सवेरा

दिन, रात और सवेरा की कहानी एक ऐसी कवयित्री की है, जिसे मान, प्रतिष्ठा और बहुत सम्मान मिला है। लेकिन वह अंदर से बहुत दुखी है। उसकी व्यथा को कोई नही समझ पाता। वह मान और प्रतिष्ठा के मध्य फंसी रह जाती है। वह अपनी मनोदशा को व्यक्त नही कर पाती। इसलिए उसको यह सब मिथ्या प्रतीत होता है। कवयित्री अपने अंतर्द्वंद्व को बाहय रूप में प्रकट नही कर पाती। अंदर ही अंदर घुटती रहती है। उसको देखकर ऐसा प्रतीत होता है – जैसे एक मछली बिना पानी के तडपती रहती है। वह रोती ही रहती है। लेकिन अपने अतंर्द्वद्व को व्यक्त न कर पान के कारण स्वयं तक ही सीमित रहती है।[4]

भद्रबाहु

भद्रबाहु अपनी इंद्रियों पर विजय पाकर तपस्या में विलीन हो जाता है। इसकी तपस्या को देख़कर देवता भी चिंतित हो जाते है। इन्द्र भद्रबाहु की तपस्या को भंग करने के अनेक प्रयत्न करता है, किंतु सफल नही हो पाता। इन्द्र असफलता पाकर नारद जी के पास जाता है। नारद इन्द्र को फटकारते हुए कहते है कि किसी का अपमान करके सम्मान नही पाया जाता। जैनेन्द्र कुमार ने मानव जाति की भांति ही देवी–देवताओं में भी अहंकार को दिखाया है। जब अहं का परित्याग होता है,

तभी पूर्णता की प्राप्ति होती है। इस कहानी में अपनी साधना के दम पर मानव ने देवी–देवताओं को पीछे छोड दिया है। इस प्रकार मानव को देवताओं से श्रेष्ठ बताया है। कहानी में इन्द्र संत आर्शीवाद लेने के लिए धरती पर पहुंचते है'' ।[5]

विचार-शक्ति

विचार–शक्ति कहानी का पात्र राकेश जैनमुनि है। वह संन्यास लेकर, बैरागी जीवन नही पा सका। वह विकार ग्रस्त हो जाता है। कहानी में एक स्त्री है, जिसके प्रति वह आकर्षित होता है। अब उसकी स्थिति ऐसी हो गई है कि उसे हर समय वही चेहरा दिखाई देता है। इसलिए वह बार–बार उसके घर भिक्षा मांगने जाता है। वह कहता है ''कि अपनी इद्रिंयो पर विजय पाकर क्या मनुष्य देवता बन जाता है, अगर ऐसा नही करता तो क्या वह मनुष्य से भी नीचे गिरकर पशु बन जाता है। अंत में वह बैरागी जीवन से थककर वहाँ से भाग जाता है।''

कःपन्था

कहानी के अनुसार धनवालों को राज्य में प्रवेश नही मिलता। कहानी का पात्र लालचंद ऐसी प्रवृति का व्यक्ति है जो इस बात को सुनकर अपना धंधा बंद कर लेता है। वह ईश्वर की भक्ति में स्वयं को समपर्ण करना चाहता है। वह धर्म का पालन करना चाहता है लेकिन लालचंद ऐसा करने में असफल होता है। कहानी के पात्र यर्थाथ को ही जीवन मानते है, और इसी को जीते–जीते मरते है। व्यक्ति की यर्थाथता कों अपूर्णता का नाम दिया है और आदर्श की प्राप्ति में व्यक्ति पूर्ण होता है। ''कल्पना से हम अपने दिमाग में पूर्ति स्थापित कर सकते

है, लेकिन उसे पाने के लिए हमें अपनी धरती पर अपने कदमों से ही आगे बढना पड़ता है।''[6]

अगर व्यक्ति को आदर्श को पुतला बना दिया जाये तो, उसके सम्मुख कुछ करने को नही बचता। समाज में उसका व्यक्तित्व उसके कर्म–धर्म पर ही निभर्र करता है।

निर्मम

निर्मम कहानी के पात्र शिवबा की भांति ही टकराहट विचारशक्ति, ग्रामोफोन का रिकॉर्ड, अकेला, रत्नप्रभा व गवार आदि के पात्र भी अपूर्ण है। निराश शिवबा को रामदास स्वामी प्रवचन सुनाते है, और सही दिशा की ओर उन्मुख करते है। अब शिवबा के कर्म से ही उसके व्यक्ति की उज्ज्वलता दिखाई देती है।

स्त्री और पुरूष को जैनेन्द्र ने अलग–अलग करके अपूर्ण प्रस्तुत किया है।[7] उन्होने कहा है कि परस्पर संबध से ही वह अपने जीवन का निर्वाह कर सकते है। अपने लक्ष्य की पूर्ति कर सकते है। उनका कहना है कि सत्ता के आधार पर सत्य को नही कुचला जा सकता। जैसा कि हमें उनके सुखदा उपन्यास में देखने को मिला है ''समाज में ऐसे व्यक्ति भी होते है जो ऊपर से महान बने रहते है, लेकिन अंदर से अपनी काम – वासना के रूप में दूसरे के जीवन में विष घोलते है'' ।[8]

महामहिम

कहानी में महामहिम के व्यक्तित्व को दर्शाया गया है। नायक ऐसा है, जो समाज को सुधारना चाहता है। जैनेन्द्र कुमार ने कहानी में काम करने वाली उषा के मन का चित्रण प्रस्तुत किया है। उषा को लगता है कि उसका महामहिम उस पर गलत

नजर डालता है। वह काम करते समय सोचती है कि उसकी पीठ पर महामहिम की निगाह है। उसकी अतृप्त भावना से उषा यह सोचकर वह अंदर ही अंदर सिमटती रहती है। ''बाद में उसे पता चलता है कि यह सब उसके मन का वहम् है, यह सब असंभव है। यह सब उषा के अपने अतृप्त मन की स्थिति है।''[9]

चोरी

जैनेन्द्र द्वारा लिखित 'चोरी' कहानी का पात्र लक्बू है। लक्बू की आर्थिक स्थिति बहुत ही दयनीय है। उसके परिवार में उसकी पत्नी, तीन बच्चे और एक बूढी बीमार माँ थी। कहानी में लक्बू गरीब एव शोषित लोगो में से है। एक दूर की भाभी भी उसके घर में रहती है, अब पैसे न होने के कारण उनका घर निलामी के कगार पर आ जाता है। ऐसी स्थिति में लक्बू एक छन्नु नाम के व्यक्ति से मिलता है, जो उसे चोरी करने की सलाह देता है। पहले तो लक्बू चोरी के लिए तैयार नही होता, लेकिन जब वह अपनी बीमार मॉ के लिए वह आम चुराकर लाता है, तो रंगे हाथो पकड़ा जाता है, जिसके लिए उसे दो साल की सजा मिलती है।[10]

सजा

सजा कहानी भी चोरी कहानी की तरह ही निर्मित की गई है। दोनों कहानियों में एक अच्छे व्यक्ति को चोर बनते हुए दिखाया गया है। ऐसा आर्थिक अभाव के कारण होता है। 'सजा' कहानी में कहानी की पात्र मिसरानी को भी चोर बनते दिखाया गया है। मिसरानी चोरी अपने बेटे के लिए करती है, जो दूसरे देश में पढने के लिए गया हुआ है। चोरी करते देखे

जाने पर उसकी पिटाई होती है और सबके सामने अपनी मजबूरी बताती है। अर्थात दोनों ही कहानियों में चोरी का कारण आर्थिक अभाव है।

अंधे का भेद

जैनेन्द्र कुमार ने इस कहानी में एक अंधें भिखारी का चित्रण प्रस्तुत किया है। अंधें भिखारी के जीवन को जानने के लिए वह सभी ऐसे स्थानों पर जाता है, जहां उसने अपना जीवन व्यतीत किया है। उसकी पत्नी एक वैश्या है। वह वैश्या होने पर भी समाज में अपना सम्मान कम नही होने देती। वैश्या बनना उसका स्वार्थ नही उसकी विवशता है। वह वैश्या होकर भी उच्च संस्कार रखती है, अपनी आत्मा पर वैश्यावृति की कालिक नही पड़ने देती। उसे दुखी देखकर अंधा भिखारी उसे भगवान से प्रार्थना करने के लिए कहता है। वह कहती है, भगवान तुम सभी पापों को माफ कर देते हो, मुझे विश्वास नही होता, तुम ऐसे पापों को भी माफी देते है। वह कहती है कि मैं अपने कर्मो से दुखी हो गई हूँ मुझे तुम उठा लो, मुझे तभी ठंडक पड़ेगी। पति–पत्नी दोनों मिलकर प्रार्थना करते है, मालिक तू ही सबका सहारा है। हम जैसे भी है, तेरे है। हमारा नैया को भी पार लगाओ। तुलसीदास भी इन्ही की भांति प्रभु के सम्मुख स्वयं को हीन और प्रभु को ही बड़ा मानते थे।[11]

अविज्ञान

लेखक ने कहानी के माध्यम से सत्यता को उजागर किया है। उन्होने कहा है कि अगर व्यक्ति त्याग और संयम से कार्य करता है, तो वह अपने व्यक्तित्व को उपर उठा सकता है।

उनका कहना है कि व्यक्ति सत्य को छोडकर पूर्ण नही हो सकता। इसांन शब्दों के जाल से सच्चाई को छुपा सकता है, कितुं उसे मिटा नही सकता। मालती और आदित्य कहानी का प्रेमी जोडा है मालती आदित्य से कहती है –शब्दों की लपेट में सत्य को रखना ही नही चाहिए। इस लपेट को छोडकर सच्चाई को बाहर लेकर आओ। जो मेरे मन में है, अगर वह सब तुम्हारे सम्मुख खुले तो तुम्हें भी पता चल जाएगा मैं कौन हूँ? बिना जाने तुम मुझे देवी कहते हो, यह सह नही। इसलिए यर्थाथ को प्रस्तुत करो। सत्य ही है, जो टिक सकता है, शब्दो की बनावट नही'' ।[12]

फांसी

इस कहानी में शमशेर नाम का एक पात्र है जिसको जैनेन्द्र ने एक डाकू के रूप में निरूपित किया है। डाकू होने के साथ–साथ वह सहृदय बेटा भी है, उसके मन में भी अपनों के प्रति प्रेम और अतिथियों के प्रति सम्मान है। वह अपनी मॉ से अत्यधिक प्रेम करता है। वह माँ के सामने एक भोला बालक है। वह अपने शत्रु के सामने क्रूरता की प्रति मूर्ति है। कूरता को शमशेर अपना अवगुण नही गुण मानता है। वह अपनी कूरता को आभूषण रूप में पहनता है। शमशेर की मॉ की मृत्यृ हो जाती है। मॉ की मृत्यु के बाद वह भी जीना नही चाहता। उसे पता चलता है कि जो उसे पुलिस को जब्त कराएगा, उसे इनाम मिलेगा। आदित्य कहता है –'' मरते–मरते किसी के काम आउॅ, तो मेरा जीवन सफल हो जायेगा। वह कहता है ''मेरी मौत से दुनिया का भला हो और मेरे भले के लिए मेरी मौत ही काम आयेगी'' ।[13]

अपना-अपना भाग्य

कहानी में एक पहाडी बालक की मृत्यु का चित्रण प्रस्तुत किया गया है। वह बालक आर्थिक अभाव से घिरा हुआ है। पहाडी बालक को नैनीताल के एक होटल में नौकरी मिल जाती है। दूसरे दिन लडका नौकरी करने के लिए नही आता। लेखक अपने मित्रो के साथ, नैनीताल से वापिस जा रहा होता है, कि उसे पता चलता है उस बच्चे की ठण्ड के कारण मौत हो गई है। लेखक ने लोगों की बेदर्दी को दिखाने के लिए प्रकृति का सहारा लिया है। उन्होने कहा है कि बच्चे के शव को इंसानो ने नही प्रकृति ने सफेद और ठण्डे कफन से ढक दिया है।[14]

आतिथ्य

आतिथ्य कहानी में जैनेन्द्र कुमार ने एक स्वार्थ व्यक्ति का चित्रण किया है। लेखक के अनुसार कहानी का पात्र ऐसा है, जो मित्रता को केवल नाम के लिए ही रखता है। वह अपने मित्र को बुलाता है, मित्र के आने पर वह अपनी गौशाला के बारे में उसको बताता है। मित्र के साथ उनके बच्चे भी आये हुए है, लेकिन कहानी का पात्र स्नेह के रूप में बच्चों को थोडा सा दूध भी देने में असमर्थ है। उसे देखकर लेखक अपनी मनोदशा को व्यक्त करता है –'' कहता है कि इस पौने दो सो किलो दूध पर तो मैं थूक दूं और उसके विरूद्व खडा हो जाउॅ। ऐसे दूध का क्या फायदा जिसे देकर आदमी किसी का सम्मान भी नही कर सकता। ऐसे दूध पर लानत है।''[15]

कुछ उलझन और ये पत्र

इन दोनों कहानियों में पात्र के रूप में ऐसी नारी को निरूपित किया है। जो पत्नी किसी ओर की है, लेकिन प्रेम किसी ओर से करती है। इन दोनों के पति सहृदय व्यक्ति है। ये दोनों अपनी पत्नियों को बहुत प्यार करते है,। सम्मान देते है। कुछ दिनो बाद नायिका लीलावती अपने प्रेमी सदानंद को पत्र लिखकर अपने पति की उदारता के बारे में बताती है। इनका मेरे प्रति विश्वास और प्रेम देखकर मेरी हिम्मत टूट जाती है। मैं इन्हें ओर दुखी नही कर सकती हूँ''[16]

वही 'ये पात्र' की नायिका कहती है मेरे पति बहुत स्नेही है, उनके व्यापार में कितना भी घाटा क्यों न हो, वह मेरा इलाज कराने में कमी नही रखते है। पति का चित्रण पत्नी के शब्दो में स्नेही है। पत्नी के प्रति उदार है, प्यार भी करते है। लेकिन पति पैसे के पीछे भी दिवाने है। वह अपने भाव लिखकर प्रकट करती है।[17]

कुछ अन्य कहानियॉ भी इसी रूप में प्रस्तुत की गई है, जिनके पति हर हाल में पति का धर्म निभाते है, अपनी पत्नी को स्वीकार करते है। जैसे दो सहेलियॉ, पानवाला, और सहयोग आदि।

वह सूफी और परावर्तन

लेखक ने इन कहानियों के पात्रों को एक ही नाव में सवार बताया है। उनका अर्थ है दोनो ही कहानियों के व्यक्ति अंतर्द्वद्व से पीडित है। दोनो ही पात्र अविवाहित है, परतु किसी अन्य स्त्री से सबंध स्थापित करते है। 'वह सूफी' कहानी में पात्र अपनी पत्नी को अकेला छोडकर, किसी अन्य स्त्री के

पास चला जाता है। वह स्त्री भी उसे जल्द ही छोडकर भाग जाती है। वह उसी के प्रति प्रेम भाव रखता है और उसे पैसे भी भेजता है।[18]

''अब वह दुखी होकर अपने मित्र केदार को खत और पैसे अपनी पत्नी को देने के लिए कहता है। इस पत्र में वह पत्नी से माफी मांग कर घर वापिस आना चाहता है। इसी तरह जब 'परावर्तन' का नायक किसी अन्य स्त्री 'शीला' के साथ घूमने जाता है। वह कुछ दिन एक होटल में व्यतीत करते है। होटल में कुछ व्यक्ति मजुला और कृपादयाल को मार–मारकर घायल कर देते है और वहा से निकाल देते है। वह 'सूफी 'की भांति ही 'परावर्तन' का नायक कृपादयाल भी पत्नी से माफी मांगने के लिए खत लिखता है। और वापिस घर आने के लिए कहता है। यही से उसके व्यवहार में परिवर्तन देखने को मिलता है।

चलित–चित्र, व्यर्थ–प्रयत्न एवं कात्यायन आदि कहानियों में जैनेन्द्र कुमार ने पात्रो के अहंकारो को दिखाया है। जैसे 'चलित–चित्र' का नायक शेखसाहब व्यवसाय से एक जमींदार है। वह बाहर से तो स्वयं को सज्जन के रूप में दिखाता है। लेकिन वह अहंकार के कारण ही स्वयं को मिटाता है। शेख नवाब अपने नौकर के साथ स्टेशन पर जाता है। उसे लखनउ जाना है। ट्रेन के लेट होने के कारण वह स्टेशन पर इतंजार करता है। तभी वहां एक अग्रेंज आता है और शेख नवाब को सज्जन आदमी समझकर अपनी हीरे की अगूँठी और सामान देकर बाथरूम जाता है। अब उसको लालच आता है। लेकिन उसका व्यक्तित्व उसे स्वीकार नही करता। तभी अग्रेंज गाडी की जल्दी में सामान लेकर चला जाता है। और अंगूँठी भूल

जाता है। अगूँठी लौटाने के लिए शेख नवाब उसके पीछे दौडता है लेकिन गाडी निकल जाती है। अव वह मन ही मन सोचता है कि अंग्रेज सोचेगा कि अगूँठी मैने रख ली है। वह अपने अहंकार के कारण स्टेशन मास्टर को भी नही बताता। ऐसी स्थिति में वह कहता है कि ''मैं चोर थोडे न हूँ, ऐसी अगूंठियाँ मेरे पास बहुत है, मुझे अंगूठी से कुछ नही लेना लेखक के शब्दों में – अगले दिन अगूंठी अपने सही हाथो में पहॅुच जाती है। शेख नवाब का 'शव' वहां पडा मिलता है, और अंत में ज्ञात होता है कि अगूँठी शेख नवाब की अगुंली से शौचालय में गिर गई थी लेखक कहता है कि भिखारी को मिली हुई चीज, अपने असली हकदार के पास पहॅुच गई।[19]

''व्यर्थ प्रयत्न''कहानी में भी चितामणी के अहंकार को दर्शाया गया है '' वह भी सभी कार्य अकेले करना चाहता है। वह कहता है कि मैं, मैं हूँ''[20]

उसके मित्र उसे सिगरेट नही पिलाते, जिससे उसका अहं भाव जागृत होता है, वह अकेला ही सिगरेट पीता है। अकेले सिगरेट पीने के बाद उसका मन मचल गया है, अंदर से दुखी है लेकिन अहं के कारण सब सहन करता है। वह सोचता है यह मेरी कमजोरी हैं। मैं अपने मन को काबू में कर लूगॉ, उस पर विजय प्राप्त करूँगा।

चिंतामणि के जीवन में बहुत सी स्त्रियाँ आई, लेकिन कोई भी अहंकार को दूर करने में समर्थ नही हुई, जिससे उसके व्यक्तित्व का विकास हो। 'गुरू कात्यायन' कहानी में भी कात्यायन का अहंकार दिखाया गया है उसको भी अपनी विधा और शास्त्रों के ज्ञान पर गर्व होता है। और आगे चलकर यह गर्व अहंकार में परिवर्तित हो जाता है। कात्यायन

मधुसूदन को परास्त करने के पश्चात् अपने अहंकार को बढावा देता है।

एक टाईप, नादिरा, परदेसी, लाल सरोवर और कामना पूर्ति इन सभी कहानियों के पात्रों को लोभी एवं स्वार्थी व्यक्तियों के रूप में प्रस्तुत किया है। 'एक टाइप' कहानी का पा़त्र एक बार रेल में सफर करते समय 'शांताकारम भांजग शयनग्' पाठ का स्मरण करता है।[21]

उन्हें देखकर कोई नही कह सकता है कि वह व्यक्ति लोभी है, थोडी आमदनी होती है लेकिन खर्चे ज्यादा आमदनी के बराबर करते है। अपनी बात से सहमत होते हुए कहते है, शुरूआत बीस रूपयें से हुई थी लेकिन उसके भरोसे काम नही चलता। खर्चे के लिए कमाना तो पडेगा।

नादिरा कहानी में एक स्वार्थी चाचा को दर्शाया गया है। जो पैसे के लालच में अपनी भतीजी को वैश्या बनाने की कोशिश कर रहा है। इस अधर्म के मार्ग पर चलकर वह कहता है बता क्या कमा कर लाई है? और कम पैसे मिलने पर उसे मारता पिटता भी है। लालच इंसान के रिश्तों को भूला देता है।[22]

परदेसी कहानी में भी नायक की स्वार्थता को दर्शाया है नायक लडकी के साथ संबध बनाकर उसे मॉ बनाकर छोड कर चला जाता है। यहां वह अपने पुरूष होने के अहंकार को दर्शाता है। वह कहता है " वह तो देवदूत है अपने घोडे को लेकर उड जाता है।"[23]

अर्थात वहाँ उसका कहना है कि समाज पुरूष का कुछ नही बिगाड सकता न ही उसे कोई कुछ कहता है। गुनाह स्त्री–पुरूष दोनो का बराबर का लेकिन सजा सिर्फ स्त्री को

ही मिलती है। लाल सरोवर कहानी का पात्र भी एक टाईप कहानी की तरह ही लोभी है इसका नायक मंगलदास है। वह अपने लोभ के लिए साधु बनने का ढोंग करता है। वह एक कोढिन की सेवा करता है। लेकिन लोभ के लिए उसे मार डालता है। वह एक वैरीगी से अपनी सेवा करवाता है पैसे न बनने की बात सुनकर, वैरागी को पीट देता है 1 ऐसे ढोगी साधु को लेखक समाज के सामने लाता है। सभी लोग मंगलदास साधु को मारते है, और इस ढोंगी को एक कमरे में बंद कर देते है।[24]

कामना पूर्ति

कहानी के पात्र अभाव के कारण अतृप्त है। इसमें लोभी साधु को दिखाया गया। समाज के लोग ईश्वर को प्राप्त करने के लिए लोभी साधु के पास जाते है। साधु कहता है कि भगवान की भक्ति करो, अपना सारा धन मुझे दे दो, तभी तुम ईश्वर को पा सकते हो, फिर तुम जो कुछ भगवान से मांगोगे, वह सब दे देंगे।

अपना -पराया और तो लाए

अपना पराया कहानी का नायक एक फौजी होता है वह अपनी पत्नी और बच्चे से मिलने के लिए बहुत बैचेन है। उसी समय उसे बच्चे की रोने की आवाज सुनती है, तो उसे क्रोध आ जाता है। वह अपने सेवक को बोलता है कि इन्हें यहॉ से निकालो।[25]

लेकिन जब उसे पता चलता है कि यह रोने वाला बच्चा उसी का है तो वह बच्चे को मनाने लगता है, चूमने लगता

है।[26] 'तौ लाये, कहानी में एक बूढा व्यक्ति है, जो बीमार है। लेखक कहते है–''बूढे व्यक्ति की हालत बहुत खराब है वह मरने वाला है उसको खाँसी भी हो रखी है। और थूकने के लिए एक बर्तन उसके पास रखा है। जब बाप बच्चां को पैसे देता है तब तक ठीक है। जब वह बूढा होकर बीमार होता है, तो वही बच्चे उसकी सेवा नही कर पाते। वह कहते है ''हम इनकी खो–खो सुनकर परेशान हो जाते है। हर जगह गंदगी फैलती है''। यहॉ जैनेन्द्र ने लोगो की स्वार्थता को व्यक्त किया है।[27]

ग्रामोफोन का रिकार्ड

कहानी का पात्र मनमोहन काम वासना का प्रतीक है। वह अपने मित्र की पत्नी पर कुदृष्टि डालता है। मित्र की पत्नी एक दिन रेडियो सुनते–सुनते सो जाती है, तभी मनमोहन वहॉ आता है, अपनी काम वासना को अंजाम देना चाहता है। नियति का खेल कुछ और ही होता है वह अपने इरादों में सफल नही हो पाता। उसी समय मेज पर रखी घडी नीचे गिर जाती है। और वह उठ जाती है। विजया उसे पहचानकर, वहां से बाहर निकाल देती है वह कहती है तुम यहां से चले जाओं, और अभी चले जाओ, मैं तुम्हारा चेहरा भी नही देखना चाहती''।[28]

चिडियाँ की बच्ची

इस कहानी का मुख्य पात्र एक पूंजीवादी व्यक्ति है वह पूजीवादी भोली– भाली चिडियाँ को लालच देकर पकडना चाहता है। वह कहता है '' मेरे पास बहुत सारा दाना और

सोना मोती है। मैं तुम्हारा घर सोने से भर दूँगा। तुम्हारी माँ के पास क्या रखा है। तुम मेरे पास सुख चैन से रहना। तुम तो मेरी प्यारी चिड़िया हो'' ।[29]

वह अपने स्वार्थ के लिए एक बच्चे से उसकी माँ और उसकी ऊँची उडान छीनकर उसे पिंजरे में रखना चाहता है। जैनेन्द्र कुमार ने अपनी अन्य कहानियों में भी ऐसे पात्रों को दर्शाया है, जैसे सबकी खबर, मृत्युदंड निषेच, यथावत,। इन सभी कहानियों के नायक भी कामांध और स्वार्थ से भरे हुए है। जो अपने लिए दूसरो का फायदा उठाते है, या उन्हें इस्तेमाल करते है।

गदर के बाद और जयसंधि

कहानी में जैनेन्द्र कुमार ने एक अलग ही प्रवृति के व्यक्तिं को निरूपित किया है। गदर के बाद कहानी का नायक चौधरी भारतीय संस्कृति की रक्षा करने वाला है। वह गाँधीवादी विचारधारा से प्रभावित होने वाला व्यक्ति है, उनकी धारणा है कि ''खून हम किसी के लिए बहा तो सकते है लेकिन किसी का ले नही सकते। ''[30]

कर्नल के पुत्र को कुछ लडके मार डालते है। तब फौजी चौधरी भारतीय संस्कृति के लिए अंग्रेज से माफी मांगता है। जयसंधि का नायक त्याग करने वाला व्यक्ति है वह बलशाली एवं आत्मविश्वासी है। वह अपनी प्रेमिका को पाने के लिए एक संघ बनाता है किंतु उसका जमीर उसे प्रेमिका के पति की हत्या नही करने देता। इसलिए वह पराक्रमी के रूप में कम और त्याग करने वाले पुरूष के रूप में अधिक उभरकर सामने आता।

निस्तार और दिल्ली में

कहानी के पात्र दयालू और परोपकारी व्यक्ति है। दोनो के नायक दूसरो के लिए बडे से बडा त्याग करने के लिए तत्पर है। निस्तार कहानी का नायक अपने मित्र की बेटी पुष्पा को लेकर मेरठ जाता है। रास्ते में उसे पुष्पा के गर्भवती होने का पता लगता है। वह पुष्पा की लाज बचाने के लिए कोई भी त्याग करने को तैयार है। वह पुष्पा से कहता है '' मैं तुम्हारी शादी अपने बेटे दिलीप से करवाऊॅगा ''।[31] यहॉ माता प्रसाद के त्याग की महानता देखने को मिलती है।

दिल्ली मैं : कहानी का नायक अत्यधिक परोपकारी है। जब वह दिल्ली मे घूमने जाता है। तो रास्ते में एक नवजात शिशु दिखाई देता है। नवजात शिशु को देखकर नायक के मन में दया का उद्भाव होता है और वह उस बच्चे को उठाकर अपने घर ले आता है। अब दोनो पति–पत्नी उस बच्चे को अपनी संतान समझकर उसे पालते है।

प्रणय देश

इस कहानी में प्रेमिका अपने प्रेमी को उसकी अच्छाई और बुराई दोनो का विवरण करते हुए कहती है। तुम उदार हो, संयमी हो, त्याग करने वाले हो, लेकिन तुम सत्य से पीछा छुडाना चाहते हो तो जाओ मैं तुम्हें मना नही करूँगी, मैं यह भूल नही करूँगी, कि तुम कोई इंसान न होकर फरिश्ता हो।[32]

जैनेन्द्र ने व्यक्ति के बारे में कहा है चाहे तुम कुछ भी बन जाओ लेकिन रहोगे तो इसांन ही। वह केवल देवता बनने की खोखली कोशिश करता है लेकिन सत्य को मिटा वह अपना व्यक्तित्व नही बदल सकता।

'साधु की हट' में लेखक ने बताया है कि दरोगा अपने दापंत्य जीवन से कटा हुआ है और अपनी पत्नी को भी मारता है। साधु की संगत से दरोगा की प्रवृति में परिवर्तन होता है उसके हृदय की दबी हुई दया करूणा जाग जाती है। दरोगा के इस व्यवहार का कारण उसका निःसतांन होना है। लेखक ने कहानी में व्यक्ति के गुण और दोष दोनों को दर्शाया है।

रानी महामाया, स्पर्धा और जर्नादन की कहानी में लेखक ने नायिकाओं को केन्द्र पात्र बनाकर, उनके पराक्रम की सराहना की है। 'रानी महामाया' की कहानी में राजा शिकार करने जाते है और जब तक वह वापिस लौटकर नही आते, राज्य को रानी ही सभांलती है। रानी की व्यथा को लेखक ने इस प्रवचन व्यक्त किया है। ''रानी मंत्री से कहती है कि महल में रहकर षडयंत्रकारियों का ध्यान रखो, लेकिन अगर वह प्रजा को नुकसान नही पहुँचा रहे, तो उनसे उनकी स्वतंत्रता मत छिनो ''।[33]

रानी प्रजा के हित के लिए स्वयं का बलिदान करने में तनिक भी पीछे नही हटती। इसी भांति 'स्पर्धा' कहानी की नायिका मैरिथ भी साहसी नारी है। वह बैजिलो से विवाह करना चाहती है पर वह विवाहिता गिडिटो की बनती है। मैरिथ के माँ बाप अमीर है, मैरिथ उन्हें छोडकर अकेली रहती है। वह सुंदर है लेकिन प्रेमी के न मिलने से अपने रूप को रूखा रखती है। ''वह अपनी आत्मगलानि से मुक्ति पाने के लिए क्रांतिकारी बन जाती है। जब जंगल में बैजिलों गिडीटो को गोली मारता हैतो मैरिथ प्रेमी को भूलकर सत्य का साथ देती है। और उसे खत्म कर देती है।'' इसी कारण लेखक ने स्पर्धा की नायिका को देश प्रेमी त्यागी, क्रांतिकारी आदि के

रूप में उभारा है। साथ ही उसकी रूचि चित्रकला, संगीतज्ञ आदि के रूप मे दिखाई है। 'जनार्दन की रानी' कहानी की नायिका को भी इन्हीं की भांति दिखाया गया है। कहानी में राजा की मृत्यु दिखाई गई है, और रानी अपने राज्य को सभांलती है। वह कभी भी अपने पति को नही भूल पाती। वह प्रजा के लिए ही कार्य करती है, उनका प्रतीक बनती है। लेखक ने कहानी में पति प्रेम और त्याग की साक्षात मूर्ति को स्थापित किया है। रानी के शब्दो में "मै नाराज नही हूँ, दुखी नही हूँ। मेरा हित तो आप के हित में ही है, इसलिए उनकी संपदा ही मेरी स्मृति बनेगी। मुझे तो मेरा नाम ही बहुत है, यह सब उन्ही का ही तो है, मैं भी उन्ही से हूँ। उसकी प्रति निष्ठा कहानी में प्रस्तुत है।[34]

रूकिया बुढिया, राजीव और भाभी एवं पत्नी

इन तीनों कहानियों में लेखक ने औरत को अबला के रूप में दिखाया है। रूकिया बुढिया की नायिका रूक्मणी एक सरल एवं सीधी सादी औरत है। उसका पति उसके साथ अच्छा व्यवहार नही करता, जिससे उसके मन में पीडा घर कर लेती है। उसका पति उसे छोडकर अन्य स्त्री के साथ भाग जाग जाता है। उसके जाने के पश्चात् वह जल्दी ही रूक्मणि से रूकिया बुढिया बन जाती है। पति के जाने के बाद भी वह किसी से संबध स्थापित नही करती। उसके उस रूप को देखकर लेखक कहते है –"अब रूकिया की जिंदगी मानो उसके बच्चों पर ही खत्म हो जाती है। इन्हीं को देखकर वह अपने आसूओं को पी जाती है और इन्हीं को देखकर मन में खुशी की लहर भर लेती है।"[35]

इसी प्रकार राजीव और भाभी कहानी में देवर भाभी के रिश्ते पर सवाल उठाते है। कहानी में भाभी अपने पति की सेवा करती है और उससे डरती भी है। होली के दिन देवर भाभी का खेल पति को पसंद नही आता। मना करने पर जब राजीव भाभी के साथ खेलता है तो पति भाभी को खीचकर लाता है और उसे लाते मारता है। लेखक ने भाभी की अवस्था को इन शब्दो में व्यक्त किया है – भाभी पिटती रहती है न ऑख से आंसू निकलते है न मुँह से कुछ बोलती है। पति कहता है – अरी ओ बेहया, बेशर्म, चल रंग डलवा। ऐसे अपशब्द सुनकर राजीव लोटा फैंककर चला जाता है।[36]

बीस साल के बाद, बूढापे में भाभी की स्थिति और भी दयनीय हो जाती है। वह अपने आश्रित राजीव के पास ही आश्रय मांगने के लिए आती है।[37]

भाभी को ऐसी हालत में देखकर राजीव बहुत दुःखी होता है, लेकिन भाभी का अपमान नही करना चाहता। इसलिए राजीव कहता है ''कोई भी कमरा खाली नही है।''[38]

लेखक कहता है अब इससे बडा दुर्भाग्य तो एक अबला नारी का नही हो सकता। 'पत्नी' कहानी की नायिका भी अबला है नायिका सुनंदा अपने पति से प्रेम करती है। वह अपनी मर्यादा में रहना जानती है। वह खाना लगाती है, तो पति खाने से मना कर देता है, वह पतिव्रता नारी कहती है, जी एक बज गया खाना कब खाओगे?[39]

अब बात पत्नी की आती है कि उसका पति उसे खाने के लिए नही कहता। जिससे उसका मन दुःखी होता है। वह मन ही मन सोचती है। अगर पूछ लेते तो क्या बिगड जाता। वह समझती है जो उसका बचा कुचा सम्मान था, वह भी आज मिट गया।[40]

उर्ध्वबाहु और अकेला कहानी में जैनेन्द्र कुमार ने नायक को अपनी सिद्दी में असफल दिखाया है। उर्ध्वबाहु का नायक तो कामवासना के हाथो में इतना विवश है कि सोते हुए भी अप्सराओं को अपनी बाहों में भरने की कोशिश करता है। इसलिए वह अपनी असिदधि में भी असफल हो जाता है। अकेला कहानी का नायक अपनी असिद्दि के लिए घर छोडकर चला जाता है लेकिन वह अभी अपनी कामवासना को पूर्णता देने के लिए अपनी पत्नी के पास वापिस लौटकर सांसारिक जीवन व्यतीत करता है। दोनों कहानियों के पात्र कामवासना के कारण सिद्दि में असफल रहें।

नारद का अर्ध्य कहानी में पृथ्वी पर रहने वाले अतृप्त अकांक्षाओं वाले व्यक्तियों की नारद जी बात करते है।एक समय नारद जी पार्वती माता से कहते है –धरती पर रहने वाले लोगो की इच्छा कभी पूर्ण नही होती। वह जितना मिलता है उसमें नही, कुछ और प्राप्त करने की इच्छा में रहते है। वह कभी भी शांत नही होते।[41]

एक बार माता पार्वती ने एक अमृत की बूॅद खेतो में डालते ही सब खेतो में अच्छी फसल हो गई। धनराज और जनराज़ दोनो भाई है लेकिन लोभी भी है, उन दोनो के मन में अपने अपने की बात बैठ गई है।[42] दोनो ने ईर्ष्या में एक –दूसरे के घरो को नही अपने मन में बसे प्रेम को जला दिया। आज भी हर जगह यही देखने को मिलता है।

विस्मृति और निश्शेष

कहानी की नायिका को भी अन्य कहानियों की भांति लेखक ने अबला नारी का रूप दिया है। विस्मृति कहानी में बूढी माँ

को अबला के रूप में दिखाया है। उसका एक पुत्र 15 साल का है जो पिता मरने के बाद पंसारी की दुकान की देखभाल करता है पुत्र भानामल की भी पत्नी मर जाती है वह दूसरी शादी कर लेता है। भानामल का भी एक पुत्र है लेखक कहते है कि " पत्नी के कहने पर भानामल बूढी मॉ को डांटता है। बूढी माँ को सुख चैन से नही रहने देता, वह यहॉ से जाना चाहती है लेकिन पौते विपिन से प्यार करने के कारण उसे छोड़ नही पाती। वही अटकी रह जाती है।[43]

निश्शेष कहानी में पतिव्रता पत्नी की कहानी है वह अपने पन्द्रह साल के बेटे के साथ अकेली रहती है पन्द्रह साल बाद उसका पति उसे लेने आता है लेकिन शारदा इंकार कर देती है। लेखक के शब्दों में –" उसका पति उस पर अत्याचार करता है,उसके गाल पर चांटा मारता है। शारदा कुछ नही बोलती। शारदा का पति उस पर भडक उठता है। वह अपने गाल पर हाथ रखकर कहती है मैं तो एक लाश हूँ अब मैं तुम्हारें किसी काम की नहीं। यह सुनकर रामशरण आपा खो देता है और कहता है –" तुम तो एक रंडी हो, मैं तुम पर थूकता हूँ"। रामशरण सच में उस पर थूक कर चला जाता है।[44]

मास्टर जी

कहानी को लेखक ने एक अनोखी कहानी के रूप में प्रस्तुत किया है कहानी कुछ ऐसी है मास्टर जी की पत्नी एक पहाड़ी आदमी केसाथ भाग जाती है। कुछ दिन पश्चात् जब मास्टर जी की पत्नी वापिस लौटती है तो मास्टर जी पत्नी को कुछ भी नही कहते, और उसका प्यार से सत्कार करते है। पत्नी के

आने से मास्टर जी इतने खुश है कि वह इस समाचार को स्कूल में विद्यार्थियों को भी बताते है। कहते है – मेरी पत्नी वापिस घर आ गई है, और मैं खुश होकर तुम्हारे लिए मिठाई भी लाया हूँ ''[45]

जैनेन्द्र कुमार ने अपनी कहानियों में किरदारो की अनेक प्रवृत्तियों का रूप देकर प्रस्तुत किया है। उन्होनें कहानी में किरदारों के माध्यम से अपने भावों को व्यक्त किया है।

सन्दर्भ - सूची

1 . जैनेन्द्र की कहानियाँ, भाग – 7, 'टकराहट' – जैनेन्द्र, पेज – 26
2. जैनेन्द्र की कहानियाँ, भाग – 5, 'एक रात' – जैनेन्द्र, पेज – 43
3. जैनेन्द्र की कहानियाँ, भाग – 2, 'किसका रूपया' – जैनेन्द्र, पेज – 83
4. जैनेन्द्र की कहानियाँ, भाग – 9, 'दिन रात और सवेरा' – जैनेन्द्र, पेज – 157
5. जैनेन्द्र की कहानियाँ, भाग – 3, 'भद्रबाहु' – जैनेन्द्र, पेज – 65
6. वही, भाग – 9, 'विचार–शक्ति' – जैनेन्द्र, पेज – 137
7. समय और हम, लै जैनेन्द्र – पेज 697
8. सुखदा – उपन्यास – जैनेन्द्र कुमार – पेज 101
9. जैनेन्द्र की कहानियाँ, भाग – 10, 'महामहिम' – जैनेन्द्र, पेज – 10
10. वही, भाग – 6, 'चोरी' – जैनेन्द्र कुमार, पेज – 39
11. वही, भाग – 5, 'अन्धे का भेद' – जैनेन्द्र कुमार, पेज – 164

12. वही, भाग – 9, 'अविज्ञान' – जैनेन्द्र, पेज – 107
13. वही, भाग – 1, 'फाँसी' – जैनेन्द्र, पेज – 39
14. वही, भाग – 2 'अपना – अपना भाग्य' – जैनेन्द्र, पेज 56
15. वही, भाग – 6 'आतित्य' – जैनेन्द्र, पेज – 97
16. वही, भाग – 7 'कुछ उलझन' – जैनेन्द्र, पेज – 64
17. वही, भाग – 8 'ये पत्र' – जैनेन्द्र, पेज – 37
18. वही, भाग – 8 'वह सूफी' – जैनेन्द्र, पेज – 111
19. वही, भाग – 8 'चलित चित्त' – जैनेन्द्र, पेज – 19
20. वही, भाग – 7 'व्यर्थ – प्रयत्न' – जैनेन्द्र, पेज – 124
21. वही, भाग – 6 'एक टाईप' – जैनेन्द्र, पेज – 32
22. वही, भाग – 5 'नादिरा' – जैनेन्द्र, पेज – 61
23. वही, भाग – 5 'परदेसी' – जैनेन्द्र, पेज – 12
24. वही, भाग – 3 'लाल सरोवर' – जैनेन्द्र, पेज – 112
25. वही, भाग – 2 'अपना – पराया' – जैनेन्द्र, पेज – 193
26. वही, भाग – 2 'अपना – पराया' – जैनेन्द्र, पेज – 196
27. वही, भाग – 7 'वौ लाये' – जैनेन्द्र, पेज – 117
28. वही, भाग – 4 'ग्रामोफोन का रिकार्ड' – जैनेन्द्र, पेज – 80
29. वही, भाग – 3 'चिड़िया की बच्ची' – जैनेन्द्र, पेज – 49
30. वही, भाग – 1 'गदर के बाद' – जैनेन्द्र, पेज – 52
31. वही, भाग – 4 'निस्तार' – जैनेन्द्र, पेज – 143
32. वही, भाग – 8 'प्रणय – देश' – जैनेन्द्र, पेज – 135
33. वही, भाग – 1 'रानी महामाया' – जैनेन्द्र, पेज – 184

34. वही, भाग – 1 'जर्नादन की रानी' – जैनेन्द्र, पेज – 132

35. वही, भाग – 7 'रूकिया बुढ़िया' – जैनेन्द्र, पेज – 88

36. वही, भाग – 7 'राजीव और भाभी' – जैनेन्द्र, पेज – 43

37. वही, भाग – 7 'वही' – जैनेन्द्र, पेज – 49

38. वही, वही 'वही' – जैनेन्द्र, पेज – 49

39. वही, भाग – 8 'पत्नी' – जैनेन्द्र, पेज – 184

40. वही, भाग – 8 'वही' – जैनेन्द्र, पेज – 185

41. वही, भाग – 3 'नारद जी का अर्ध्य' – जैनेन्द्र, पेज – 79

42. वही, वही 'वही' – जैनेन्द्र, पेज – 81

43. वही, भाग – 4 'विस्मृति' – जैनेन्द्र, पेज – 104

44. वही, भाग – 10 'निश्शेष' – जैनेन्द्र, पेज – 27

45. वही, भाग – 4 'मास्टर जी' – जैनेन्द्र, पेज – 27

अध्याय - 3

जैनेन्द्र : एक उपन्यासकार के रूप में

जैनेन्द्र कुमार ने अपने जीवन में बहुत सी कृतियों की रचना की है। उनके द्वारा लिखें गये कुछ उपन्यासों का विश्लेषण इस प्रकार किया है।

सुनीता

जैनेन्द्र के उपन्यासो में सुनीता उपन्यास पर सबसे अधिक विवाद रहा है। इसमें तीन पात्र प्रमुख है – सुनीता, श्री कान्त और हरिप्रसन्न। इन तीनों की व्यक्ति परक कुठांओ और ग्रंथिओं का मनोवैज्ञानिक चित्रण द्वारा जैनेन्द्र ने उनकी मनोवैज्ञानिक रचना पद्धति को विकासशील बनाया है। इन सबके त्रिकोणात्मक संबध के द्वारा इन सभी के जीवन के गतिशील के रूप में दिखाकर जैनेन्द्र ने उन्हें आंतरिक द्वन्द से बाहर निकाला या मुक्त किया है सुनीता की पात्र अनुपम सुन्दरी सुनीता और सर्वगुण सम्पन्न एवं उच्च शिक्षित वकील श्री कान्त के स्वच्छ जीवन में शादी के तीन साल बाद जड़ता और एक खालीपन सा आ जाता है। इन सबके चगुंल से

बाहर निकलने के लिए जैनेन्द्र को एक बाहरी सदस्य को प्रविष्ट करना पड़ता है जैनेन्द्र ने इसके लिए एक काम कुंठित पात्र को केन्द्र में रखकर श्री कान्त और सुनीता के अतिरिक्त एक और असाधारण व्यक्तित्व की गुत्थियों का मनोवैज्ञानिक विश्लेषण किया है। वह बाहरी पात्र हरिप्रसन्न है।

हरिप्रसन्न के जीवन में इस संबध का बहुत महत्व है, क्योकि सुनीता से मिलने से पहले, वह किसी ओर स्त्री से ऐसे कभी नही मिला, कि जैसे वह साक्षात काम की मूर्ति हों, जैसे उसमें काम का उद्रेक हो। श्री कान्त के घर में आकर सुनीता के सपंर्क से उसका जो मानसिक उदेलन होता है उसका यही कारण है। उसने कहा है – स्त्रियों से मिला है, किंतु स्वयं वह पुरुष है और सुनीता स्त्री है। इस भांति नही मिला था।[1] काम भावना के दमन के कारण हरिप्रसन्न का व्यक्तित्व कुंठित हो जाता है। इससे उसको गहरी आहत पहुँचती है जिससे वह क्रान्ति की ओर अग्रसर होकर एकांकी जीवन बिताता है।

सुनीता से मिलने के बाद हरिप्रसन्न के जीवन में नारी के प्रति आकर्षण और उसे पाने की इच्छा जागृत होती है। एक बार जब सुनीता ने हरिप्रसन्न को स्पर्श किया, तो उसे सुख की अनुभूति हुई और उससे प्रेरित होकर हरिप्रसन्न सुनीता को पाने की अधिक इच्छा रखता है। वह सुनीता को स्पष्ट रूप से कहता है कि मैं तुमको पाना चाहता हूँ। बस समूची तुमको ही पाना चाहता हूँ।[2]

हरिप्रसन्न की इन प्रवृत्तियों के सूक्ष्म अवलोकन से ज्ञात हो जाता है कि वह मनोविकृत है। उसके इस वैकृत का कारण एक नही अनेक है। उनके जीवन की गति स्वाभाविक नही थी, कि आरभं से ही उसके स्वतंत्र जीवन के विकास में

दबाव पडा था। इसलिए उसके मन में असामाजिक प्रवृत्तियॉ जागने लगी और वह क्रान्ति की ओर अग्रसर होने लगा। उसमें कामभाव का दमन हुआ है। दमित भावनाएँ उसके अचेतन में स्थायी स्थान पाती है। जिसके कारण हरिप्रसन्न के व्यवहार में परिवर्तन व असाधारणता देखने को मिलती है। हरिप्रसन्न के व्यवहार में असाधारण की यह अवस्था उसे रह–रहकर मनोविकृत कर देती है।

हरिप्रसन्न के चरित्र कों मनोवैज्ञानिक दृष्टि से देखा जाए, तो उसमें शिजोफेनिया एक तरह की स्वप्नावस्था है जिसमें इसांन अधिक से अधिक कल्पना पर निर्भर होता है। शिजोफेनिया से ग्रसित व्यक्ति बाहरी दुनिया से कटकर एंकाकी जीवन जीना पसंद करता है। ऐसा व्यक्ति अपनी मन की मिथ्याधारणाओं के कारण कई गलत विचार, आलस्य, निराशा, अरूचि आदि उत्पन्न होती है। जिसका कारण पैतृक, मस्तिष्क का असतुंलन, प्रियजनों की मृत्यु आदि होता है।

डा0 शशिभूशण सिंहल ने हरिप्रसन्न में शिजोफोनिया के अनुरूप लक्षण पाकर कहा है, जो लक्षण उसकी किशोरावस्था में उभरकर सामने आते है व्यक्ति में शिजोफेनिया के लक्षणो का विकास अधिक से अधिक 20 से 40 वर्ष की आयु के मध्य में ही देखा जाता है। हरिप्रसन्न की आयु भी इसी वर्ग के बीच की है। शिजोफेनिया के लक्षणो के अनेक कारण हो सकते है। जैसे पैतृक, शारीरिक, स्नायुविक, मनोवैज्ञानिक आदि। व्यक्ति की बाल्यावस्था की पृष्ठभूमि उसके मनोवैज्ञानिक अवस्था में सबसे महत्वपूर्ण स्थान रखती है। इसी अवस्था में उसकी हो रही पारिवारिक अवस्था जैसे– माता–पिता के प्रति अरूचि की भावना, अथवा किसी भी प्रकार से उसको पहुचा हुआ आघात।

यही सब व्यक्ति को मनोवैज्ञानिक रूप से असमर्थ कर मनोविघन का रोगी बना देता है।[3]

हरिप्रसन्न भी मनोविघटन के कारण ही परिस्थितियों के अनुकूल कार्य नही कर सकता। हरिप्रसन्न मे सुनीता के स्पर्श के पश्चात् ही काम भावना जाग्रत होती है इसलिए वह समूचे ही उसको पाने की इच्छा को उजागर करता है। एक दिन रात के समय हरिप्रसन्न सुनीता को जगंल में ले जाता है लेकिन वहां एकांत स्थान में सुनीता से मिलकर भी उसको पा न सका। हरिप्रसन्न के व्यक्तित्व में अपरिपक्वता होने के कारण ही उसमें युवा जैसा विवेक और क्षमता नहीं बल्कि किशोर के जैसा आवेग और उमंग है।

इन्हीं कारणों से वह सुनीता को पाने में असफल रहा। हरिप्रसन्न मनोविघटन के कारण ही अवसरोचित व्यवहार नही कर पाता और असाधारणता एवं असंतुलनता की बैचेनी के कारण वह विवश हो जाता। जो इन शब्दों में व्यक्त होता है– अपने दोनो हाथों से आँखों को ढककर और मुँह को भी बन्द रखा। हरिप्रसन्न के मुँह से भी एक शब्द न निकल सका। इन सबके पश्चात् हरिप्रसन्न ने हार मान ली, वह पराजय के गड्ढे में गड जाने लगा। लज्जा ने उसे जमा दिया, हारकर उसके मुहँ से यही शब्द निकले कि धरती अभी फट जाये, और मैं खुद को उसमें समा दूँ।[4]

सुनीता श्री कान्त की पत्नी है। श्री कान्त सुनीता जैसी अनुपम सुन्दरी को पाकर भी अपने दाम्पत्य जीवन में जडता और नीरसता का अनुभव करता है। श्री कान्त अपने घर के नीरस वातावरण में कुछ परिवर्तन लाने के लिए हरिप्रसन्न को प्रमुखता देता है। मनोवैज्ञाानिक दृष्टि से देखने पर श्री कान्त

के इस व्यवहार में किसी बाहरी इकाई से पत्नी को आनन्द्रित बनाकर उसके अनूकुल पाने की व्याग्रता है। ऐसा करने के लिए वह हरिप्रसन्न को जबरदस्ती अपने घर में लाता है और उसको सुनीता के सपंर्क में रखता है। श्री कान्त सुनीता के सामने हरिप्रसन्न की सराहना करता है वह सोचता है कि ऐसा करने से सुनीता के अर्न्तमन में हरिप्रसन्न के प्रति काम भावना जागृत हो जाएगी।

सुनीता के प्रति श्री कान्त का हर काम हरिप्रसन्न के कारण ही बंधन मुक्त होता है जब हरिप्रसन्न चला जाता है तो श्री कान्त पहली बार सुनीता को जोश में आकर होश खो देता है और अपने आलिंगन में उसे बांध लेता है।[5]

सुनीता और हरिप्रसन्न के प्रसंग से श्री कान्त की मनोविकृति का एक अलग ही रूप सामने आता है। इसी अलग पहचान के कारण श्री कान्त सुनीता और हरिप्रसन्न को अपने घर पर अकेला छोडकर लाहौर चला जाता है। वह उन दोनों के बीच में प्रेम की वृद्वि देखने के लिए एक दिन अचानक रात के समय वापिस लौटता है इन सबको देखने की उसकी उत्सुकता उसके चेहरे से झलकती दिखाई पडती रही है। इसलिए वह रात के समय अपने घर पहुचॅता है और जब घर के दरवाजें पर ताला लगा देखता है तो वह मन ही मन निर्णय कर लेता है कि वो दोनों कहीं एक साथ घूमने गये होगें ऐसा देखकर श्री कान्त के मन में अपने मित्र और पत्नी के प्रति कोई द्वेष या किसी भी प्रकार का सन्देह उत्पन्न नही होता बल्कि अगले दिन प्रभात में सुनीता को खुश देखकर श्री कान्त में जोश एवं शान्ति का संचार होता है।

इसी विश्वास के आधार पर वह एक तीसरे व्यक्ति के द्वारा अपने दाम्पत्य जीवन की निरसता और रिक्तता को दूर करने का प्रयत्न करता है। उसके मूल में उसकी मानसिक कुठां और असामान्य व्यक्तित्व है, जो उसे एक आहत तृतीय पक्ष के द्वारा यह प्रयत्न करवाता है, कि मैं इन सबसे अपने दाम्पत्य जीवन को आंनदमय बनाने का प्रयत्न कर सकता हूँ। श्री कान्त अपनी पत्नी को पर पुरूष के प्रति समर्पित पाकर भी उसके साथ समझौता स्थापित करता हुआ दिखाई देता है। उसका यही विश्वास है कि – अवर क्वीन बैन डू नो रांग। [6]

सुनीता उपन्यास की ऐसी पात्र है जो पत्नीत्व एवं स्त्रीत्व दोनों रूपों को एक साथ निभाने का प्रयत्न करती है। सुनीता एक अच्छी गृहिणी है। वह अपने पति की मनोवृत्तियों को भलि–भांति जानती है। वह अपने पति के साथ जीवन निर्वाह करने में विश्वास रखती है। और प्रयत्न करती है कि बस उसका पति खुश रहे। सुनीता पत्नी होने के साथ साथ एक स्त्री भी है। वह पत्नी का धर्म निभाना चाहती है इसी बीच में उसके स्त्रीत्व की दभित कामनाओं को तृप्त करने की लालसा भी उसमें जागृत होती है। इसी तरह एक पत्नी और स्त्री के बीच में खीचांतानी हो जाती है। सुनीता और हरिप्रसन्न के निकट सपंर्क से सुनीता के मन में जिन भावनाओं का उदय होता है। उन्हीं कारणो से सुनीता पत्नीत्व से विचलित होकर, स्त्रीतत्व की पुकार के वशीभूत हो जाती है। अब सुनीता में अपने स्त्रीत्व को प्रकट करने की इच्छा प्रबल है परन्तु वह सामाजिक बधंनों में बंधी हुई है। इन बंधनों को तोडने की क्षमता सुनीता में नहीं है वह पुरूष और स्त्री की पूरकता को

समर्थन देकर नैतिकता के साथ समझौता स्थापित कर लेती है सुनीता यही समझती है कि पुरुष को सहयोग देना स्त्री का कर्तव्य है। उसके विचार में – स्त्री फिर किसलिए है, यदि पुरूषों को प्रयोजन दान, फल– दान में नियोजित नहीं करती? वह कहती है कि पुरूषों को स्त्री से निरपेक्ष रहने दें और प्रकृति को वन्ध्या? क्योंकि दुनिया को रेगिस्तान तो नही होना है, क्योकि प्रकृति को हमेशा हरियाली और लहलहाती ही रहना है, इन सबके लिए ही विधाता ने पुरूषों को स्त्री के लिए और स्त्री को पुरूष के लिए जगत में भेजा है।[7]

अब सुनीता सामाजिक बंधनों को तोडकर प्रेमी के सम्मुख जंगल में अधेरी रात में आत्म समपर्ण कर देती है जिससे उसका अर्न्तद्वन्द मिट जाता है।

कल्याणी – कल्याणी उपन्यास की एक सहृदय पात्र है वह उच्च शिक्षा प्राप्त करने के बाद आत्म निर्भर है। कल्याणी एक डॉक्टर है। कल्याणी का पति एक निर्दयी, कपटी और धोखेबाज इंसान है, जिसका शिकार कल्याणी को बनना पडता है पति–पत्नी के सबंध में पति का अधिकार और स्वेच्छा भाव के दबाव से टूटने वाली पत्नी वैवाहिक संस्था और नारी स्वतंत्रता के सामने एक प्रश्न के रूप में खड़ी होती है। नारी के कोमल भावों और योग्यताओं का शोषण करने वाले पतियों और जो पति पत्नी को पत्नी न मानकर एक दासी रूप में देखते है उन सभी पतियों से पत्नी का एक प्रश्न होता है – 'तुम मुझसे क्या चाहते हो? मै तुम्हारे लिए क्या करूँ? तुम मुझे तिल–तिल कर मारना चाहते हो या बेचना चाहते हो '।[8]

उपन्यास की मुख्य पा्त्र तो कल्याणी है लेकिन कई अनेक पा्त्र भी है जिनका इसमें कोई महत्व नहीं। कल्याणी

एक सहृदय डॉक्टर है। वह डॉक्टरी करते समय प्रीमियर से प्रेम करती है लेकिन कल्याणी का विवाह प्रीमियर से न होकर एक शंकालु एवं दोहाजू डॉ असरानी से हुआ, जिसने जॉली डॉक्टरी डिग्री प्राप्त कर रखी है। वह कल्याणी से विवाह अपने लाभ के लिए करता है, वह उससे आमदनी करवाना चाहता है और उसके रूप में एक सफल गृहिणी की भी इच्छा रखता है। कल्याणी इन सबसे दुखी हो जाती है और कहती है – मै इन दोनों में से एक ही कार्य कर सकती हूँ चाहे तो आमदनी करवा लो और चाहे तो सेवा। दोनो एक साथ करना कठिन है में एक साथ सब नही कर सकती। अब तुम देख लो कौन सा काम करवाना है। एक जगह तो समझौता करना ही पड़ेगा अगर पैर दो नाँव पर होंगे तो डूब जाने का खतरा रहेगा।[9]

कल्याणी अपने असफल प्रेम और अनिष्ट विवाह से उत्पन्न कष्ट से वह मानसिक पीड़ा का शिकार हो जाती है वह भारतीय संस्कारो में अटूट विश्वास रखती है, इसी कारण वह पति के दुर्व्यवहार करने पर भी उसके विरूद्व आचरण नही कर पाती। वह सब कुछ सहती है जिसके कारण मानसिक तल पर इसका विरोध करके स्वयं टूट जाती है। प्रो़0 शशिभूषण सिंहल के शब्दों में जो व्यक्ति किसी के द्वारा सताया हुआ हो, स्वयं टूट चुका हो, वह कहता रहता है कि मैं ही अपराधी हूँ लेकिन उसको यह नही पता होता कि उसका अपराध क्या है? यही सब निरन्तर चलने के बाद उसमें बेचैनी, अनिन्द्रा, कष्टप्रद स्वपन, अस्थिरता और स्वप्न के लक्षण देखे जाते है वह रोग ग्रस्त हो जाता है।[10]

कल्याणी की स्थिति हर दिन बिगडती जाती है विवाह होने से ही उसमें निरन्तर संघर्ष होता रहता है। वह भारतीय संस्कारों

से घिरी हुई है इसलिए अपने पत्नी धर्म को नही खोना चाहती। वह विवाह को पवित्र बंधन समझती है। इसके साथ ही अपने व्यक्तित्व को बनाए रखने की इच्छा भी उसमें जागृत है। वह विवाह और सतीत्व को समाज और स्त्री का आधार मानती है।[11]

जैनेन्द्र कुमार के विचारो का कल्याणी के चरित्र के रूप में स्पष्ट प्रतिपादन हुआ है। कल्याणी को आत्मपीडा से घिरे हुए मूकभाव में सबकुछ सहन करते हुए निरूपित किया गया है उसके मन में आत्मपीडा द्वारा इस द्वन्द से मुक्त होने की इच्छा अत्यधिक प्रबल है। डॉ0 सुखदेव शुक्ल के शब्दो में –कल्याणी अपने पति द्वारा किए गये अत्याचारों से इतनी दुखी है कि वह आत्मपीडा द्वारा ही आत्मशुद्धि के लिए ठान लेती है अर्थात आत्मपीडा से ही आत्मशुद्धि का रास्ता ढूढती है। भारतीय संस्कार और आदर्श के द्वन्द से जूझती है, जिसके कारण वह सब कुछ सहन करती है और स्थिति को बुरी से बुरी बनाने के लिए तैयार है। इन सबसे उसके मन में द्वन्द चलता ही रहता है वह कभी अपने मन को शान्त नही कर पाती। आगे चलकर कल्याणी की मानसिक स्थिति इतनी खराब हो जाती है, वह अपने प्राण ही त्याग देती है।[12]

कल्याणी ईश्वर में आस्था रखती है, उसका नियति पर अटूट विश्वास है इसलिए वह अपनी स्थिति के लिए किसी को भी दोष नही देती, किसी को भी उत्तरदायी नही मानती। कल्याणी की नजरों में ईश्वर प्रेम ही सब कुछ है, एक वही प्रेम सच्चा है बाकि सभी का प्रेम तो एक छल है धोखा है। उनके अनुसार जो विधाता ने लिखा है, मनुष्य उन विचारों के परे है। कोई भी ईश्वर की लीला को नही जानता। उनके शब्दों में मनुष्य सोचता रहता है, उसकी सोच पर अच्छा और बुरा

निर्भर करता है, मानव जो अपने भविष्य के साथ मन्तव्य करता है उसके पास जो रहता है, वह सब ही क्लेश मा्त्र है ईश्वर तो सबको प्रेम के लिए भेजता है। लेकिन मनुष्य प्रेम में विश्वास न करके क्लेश में विश्वास रखता है।[13]

उपन्यास में कल्याणी का पति डा0 असरानी एक असामान्य व्यक्ति है। असरानी ने नकली डिग्री प्राप्त करके डाक्टर की उपाधि धारण की। कल्याणी भी एक डाक्टर है, उसके साथ–साथ वह एक सहृदय लड़की भी है। वह अपनी मेहनत से डाक्टर बनी है। असरानी अपने सभी सुखो को भोगने के लिए कल्याणी के साथ विवाह करता है, अपने अन्दर कमी होने के कारण कल्याणी का पति उसे शंका की दृष्टि से देखता है, उसके साथ दुर्व्यवहार करता है। इन सबका दोषी वह कल्याणी को ही ठहराता है। असरानी कल्याणी को अपने अनुकूल डालना चाहता है। लेकिन कल्याणी कठपुतली नही बनना चाहती। कभी कभी तो असरानी कल्याणी को दोषी ठहराते हुए उससे कहता है, कि यह सब तो तुम पर मेरी दया है, जो तुमसे मैने शादी की, नही तो तुम बडी उम्र तक अपने बाप के घर में बैठी रहती। तुम नहीं जानती कि तुम्हारी हालत कितनी खराब थी। बड़ी उम्र तक कुवॉरी रहने से तुम्हारी समाज में कोई इज्जत नही होती। कोई भी तुमसे शादी नही करता, मैने तो तुमसे शादी करके तुम्हारा उद्धार किया है। असरानी कहता है कि तुम अपनी हैसियत का ख्याल नही रखती, तुम सब भूल जाती हो। मेरे बिना तुम दर–दर भटकती रहती। मैने तुम्हारा कल्याण किया है, तुम तो अपने कुल पर धब्बा होती। तुम्हारा कोई भी अस्तित्व नही होता।[14]

जैनेन्द्र कुमार के महत्वपूर्ण उपन्यासों में से कल्याणी एक है। इसमें जैनेन्द्र ने अपने विचारों को कल्याणी के चरित्र के रूप में दर्शाया है। कैसे भारतीय संस्कारो से घिरा हुई औरत कल्याणी सब कुछ सहन करती हुई मानसिक पीड़ा से ग्रसित अपने प्राण त्याग देती है। कल्याणी का त्याग, प्रयत्न और सर्मपण और पवित्र विचार उसको गेस्टाल्टवाद के अनुकुल बना देते है।

त्यागपत्र

उपन्यास त्यागपत्र में जैनेन्द्र कुमार ने एक सीधी–सादी पवित्र लड़की की आत्मव्यथा को प्रस्तुत किया है, जो अपनी इच्छा से विवाहित नही है और अंत तक जो मानसिक सघंर्ष के कारण कठोर चट्टानों से टकराकर चूर चूर हो जाती है। अनमेल विवाह, सामाजिक नैतिकता और नारी स्वातंत्रय का दबाव और उससे निकलने वाले परिणाम को मनोवैज्ञानिक एवं दार्शनिक संदर्भ का चित्रण जैनेन्द्र कुमार ने त्यागपत्र उपन्यास में किया है।

'त्यागपत्र' की मुख्य नायिका मृणाल माता–पिता विहिन है। मृणाल अपने भाई के संरक्षण में रहती है। उसके भाई और भाभी मृणाल से बिल्कुल भी स्नेह नही करते और न ही उसके प्रति भावुक है। पर वो दोनों उसके अभिभावक अवश्य है। उसका एक भतीजा प्रमोद है उन दोनों के बीच में बहुत स्नेह और एक दूसरे के प्रति लगाव है। मृणाल का स्नेह उसकी सहेली शीला के भाई से भी है। जिससे वह गूढ प्रेम करती है। मृणाल का विवाह शीला के भाई से न होकर एक ऐसे व्यक्ति से होता है जो दोहाजू है। ऐसा होने पर उसके जीवन में

विपत्तियों का पहाड़ टूट पड़ता है। विवाह के पश्चात उसका पति उस पर विवाह पूर्व प्रेम का आरोप लगाकर उसे कुचरित्र घोषित करता है। उसे घृणा की दृष्टि से देखता है। इन सबके बाद शंका से ग्रस्त पति उसे अपने घर से मायके भेज देता है। जिससे मृणाल अत्याधिक चिंतित और व्यथित दिखाई पडती है। पति के द्वारा त्याग दिये जाने पर मृणाल अपने आप को घर के योग्य नही समझती। इसलिए वह अपने घर से दूर एक कोयलेवाले के घर में रहने लगती है। समस्या तो तब होती है, जब गर्भवती होने पर मृणाल को वहां से भी निकाल दिया जाता है, उसका जीवन अब और भी दूभर हो जाता है। इस दुरितपूर्ण जीवन से उसकी रक्षा करने के लिए कई बार प्रमोद उसके पास आता है। मृणाल के मन में अंत तक प्रमोद के लिए स्नेह बना रहता है। मृणाल अपने भतीजे प्रमोद से कहती है, कि वह तुम्हारे प्रेम के बिना नही रह सकती और न ही अपने आप को प्रमोद के साथ रहने योग्य नही समझती थी। कहती है कि, प्रमोद तुम्हें याद करने के पश्चात मेरे सारे कष्ट दूर हो जाते है, लेकिन तुम मेरे पास मत आया करो, मै डरती हूँ कहीं तुम्हारे यहां आने से मेरा एकमात्र सहारा जो तुम ही हो कहीं मुझसे दूर न हो जाए। इन सबके परिणाम से मैं बहुत डरती हूँ क्योकि फिर तो मै किसी भी हाल में नही जी सकती तुम ही तो मेरा अंतिम जीने का सहारा हो।''[15]

जैनेन्द्र कुमार ने त्यागपत्र में मृणाल और प्रमोद को मुख्य पात्र के रूप में निरूपित किया है। मृणाल का भाई, मृणाल की भाभी, मृणाल की सहेली शीला और बनिया आदि 'त्यागपत्र' के गौण पात्र है। 'त्यागपत्र' का पूरा अध्ययन मृणाल और प्रमोद के चरित्र के दार्शनिक एवं मनोवैज्ञानिक विश्लेषण को

पूरा करता है। क्योंकि मृणाल तो प्रमुख पात्र है और प्रमोद उसके जीवन में आने वाली सभी त्रासदियों को समझने और उनसे लडने में स्वयं को नष्ट करने वाला पात्र है, इसलिए त्यागपत्र की कहानी इन दोनों पात्रों के चारो और घूमती रहती है।

'त्यागपत्र' में बाल्यावस्था से ही मृणाल में आत्मपीडा की भावना प्रबल रही है। स्कूल में शीला ने जब मास्टर जी की कुर्सी में पिन चुभाई तो इसके लिए मृणाल ने पूरी क्लास को बचाने के लिए अपने आप को दोषी बताया। मास्टर जी से ड़ंड़े खाने पर चैन की सांस ली। वह शीला के भाई से प्रेम करती थी यह बात सुनकर जब प्रमोद की मॉं ने मृणाल को बहुत मारा लेकिन तब भी मृणाल ने कोई अभिव्यक्ति नही कीं। प्रमोद के शब्दों में –'' मृणाल की अवस्था, मार के कारण मृणाल की साड़ी इधर–उधर हो गई है और कहीं पर नील पड गये है, तो कहीं से खून भी निकल रहा है, बुआ बिल्कुल बेसुध पड़ी है, इतनी मार खाकर भी वह न रोती है, न सुबकती है।''[16]

'त्यागपत्र' में जैनेन्द्र कुमार ने मृणाल की आत्मपीडा की भावना को ही विकसित किया है। उसकी इच्छा के विरूद्व उसका विवाह होना, उसकी आत्मपीडा का परिचारयक है। वह इंकार नही करती, क्योकिं वह सामाजिक मर्यादाओं का उल्लघंन नही करना चाहती। विवाह के पश्चात् वह अपना पत्नी का कर्तव्य निभाना चाहती है। मृणाल के पति को शीला के भाई का पत्र दिखा देती है, जिससे पति ही उसे ही दोषी करार देकर वहां से निकाल देता है। अब वह अपने भाई के घर भी नहीं जाती और एक कोयले वाले के साथ रहती है जो

कि एक अधेड उम्र का व्यक्ति है वहां से भी उसे आत्म पूर्ति की भावना हुई क्योकि वह न तो वासना पूर्ति चाहती है और न ही निजी सुख। वही उसकी आत्मा तुष्ट होती है। मृणाल की प्रवृति में भोग–विलास की अपेक्षा त्याग की प्रमुखता है। कुछ लेने का चाह नही रखती। वह बस देना चाहती है, क्योकि देना ही स्त्री का धर्म है इसके अलावा स्त्रीत्व का कोई ओर धर्म नहीं'।[17]

त्यागपत्र की केन्द्र पात्र मृणाल ने धर्माचरण और संस्कारों को सर्वोपरि रखा है। बच्चे के जन्म के बाद मिशन अस्पताल वालों ने उसे काम करने की इजाजत तो दे दी, लेकिन इस काम के बदले मृणाल को धर्म परिवर्तन करने को कहा। मृणाल को यह सब उचित नही लगा, वह इन सबको अपनी तकदीर का लिखा समझकर भटकती रही। मृणाल अपने जीवन में आनेवाली सभी मुसीबतों से लडकर उन्हें अकेले ही पार करने की कोशिश करती रही। जिस घर से मृणाल के भतीजे प्रमोद का रिश्ता आया था, अंत में मृणाल को प्रमोद ने उसी घर में ट्यूटर के रूप में देखा। उस घर से जाने के बाद मृणाल को समाज के सबसे हीन लोगों के साथ रहना पडा। अब फिर से उसके उद्धार के लिए उसका भतीजा प्रमोद वहां पर पहुँचता है। लेकिन मृणाल अब वहां से कही भी नही जाना चाहती, क्योंकि इस स्थान पर कोई तहजीब नहीं है और न ही किसी के पास कोई सभ्यता है अगर सभ्यता नहीं है तो कोई किसी से कोई आशा भी नही करता।[18]

मृणाल के अहं का विर्सजन तभी होता है, जब वह अपने को अधिकाधिक कष्ट देती है। इसी से द्वेष भाव नष्ट हो जाता है और साथ साथ प्रेम की पुष्टि भी इसी से होती है। मानव की व्यथा जैनेन्द्र दर्शन का मूल है, उनकी आस्था भी एकमात्र

ईश्वरीय शक्ति है, उनके अनुसार अहं का विर्सजन भी आत्म व्यथा से ही होता है। मधुरिमा कोहली ने भी इन सबका समर्थन किया है, उनके शब्दों में "हमारे जीवन का उद्देश्य स्व को मिटाकर समस्त के साथ एकजुट हो जाना है। इस अभिन्नता के लिए अहं की निरसता के बोध के साथ–साथ आत्मव्यथा का महत्व भी जैनेन्द्र ने प्रतिपादित किया है। यह आत्मपीड़ा ही मनुष्य का बहुत बडा शस्त्र है और अह ंके विर्सजन का एकमात्र साधन है"।[19]

'त्यागपत्र' की मृणाल अपनी पीडा से शक्ति प्राप्त करके अहिंसा का रास्ता अपनाती है। वह अपनी बाहरी व्यथाओं को सहती हुई आंतरिक आनन्द की प्राप्ति करती है। अपनी भाभी से मार खाने पर भी उसमें प्रतिरोध की भावना उत्पन्न नहीं होती। स्वयं को पीडा पहुँचानें की शक्ति मृणाल में है। आत्मव्यथा के उत्कर्ष में वह अपने जीवन को गतिशील बनाती है। इसको जैनेन्द्र कुमार ने व्यक्त किया है – मानव चलता जाता है और बूँद बूँद दर्द इकटठा होकर उसके भीतर भरता जाता है। वही जमा हुआ दर्द मानव की मानस मणि है। उसके प्रकाश में मानव का गतिपथ उज्जवल होगा।[20]

'त्यागपत्र' आत्म कथानक शैली में लिखा हुआ है कथा कहने वाला है प्रमोद। प्रमोद ने अपनी बुआ मृणाल का एक ऐसा चित्र प्रस्तुत किया है जिसे पढ़कर या सुनकर पाठको का मन द्रवित होता है। प्रमोद ने अपनी बुआ मृणाल के नाटकीय जीवन का और उनकी आत्मव्यथा को वह अपने शब्दों में व्यक्त करता है। प्रमोद की बुआ की मृत्यु के कुछ वर्ष बाद भी अपनी यादों में जिंदा बुआ को वह ऊँचे पद पर रखता है और स्वयं को उनके सम्मुख बहुत छोटा समझता है। इन सबसे

प्रमोद का मानसिक संघर्ष ढीला हो जाता है एवं टूट जाता है, उसका कहना है ,कि आज मुझे इस बात पर बहुत आश्चर्य हो रहा है और साथ ही साथ मुझे दुख भी है कि मैने अपने सत्रह साल अपनी बुआ को बिना देखे व्यतीत कर दिये है। प्रमोद कहता है वह बुआ जिन्होने कुछ नही लिया सिर्फ दिया। उन्होनें मुझे प्रेम करने के अलावा कुछ नही किया। उनकी याद आज भी मेरे अन्दर एक अंगार के रूप मे जलती है। उन्हें अपने जीवन में कभी सुख की प्राप्ति नहीं हुई, वह अपने जीवन की परवाह किये बिना ही एक लौ की भांति जलती रही। जब लौ जलेगी तो धुऑ तो उठेगा ही। धुऑ चाहे कितना भी उठा हो पर लौ हमेशा प्रकाशित रही, अब उन्ही बुआ को मैं एक तरफ छोडकर अपना जीवन कैसे यापन कर सकता हूँ या मैने कैसे अपना जीवन जिया।[21] जैनेन्द्र ने प्रमोद के चरित्र को कई रूपों में व्यक्त किया है। प्रमोद की आस्था, नियति में विश्वास कर्मफल का अनुसरण आदि जैनेन्द्र कुमार के विचार में महत्वपूर्ण स्थान रखने वाले है। प्रमोद ईश्वर में पूरी आस्था रखता है प्रमोद अपनी बुआ की इतनी गंभीर हालत देखकर उनके लिए कुछ करने की सोचता है और करता भी है। लेकिन उनकी स्थिति को बदलने के लिए वह कुछ भी परिवर्तन नही कर सका। इन सबके बाद वह बुआ को सदा के लिए भाग्य के भरोस भटकने के लिए छोड देता है और स्वयं को समझाता है, इसलिए वह नियति में दृढ–विश्वास रखता है। वह कहता है कि यह सब भगवान की लीला है। वह हमें जैसे रखेगे वैसे ही रहना होगा। जो कुछ भी विधाता ने हमारे भाग्य में लिखा है उसका एक अक्षर भी नही बदल सकता, विधाता के लिखे को न तो आज तक कोई बदल पाया है और न ही बदल पायेगा।[22]

प्रमोद कहता है कि ईश्वर की इच्छानुसार सब कुछ होता है। इसलिए वह ईश्वर को विश्व का नियंता मानता है। प्रमोद कहता है कि ईश्वर की मर्जी के बिना तो एक पत्ता भी नही हिलता। वह प्रमोद विधाता से प्रश्न करता है ''हे विधाता हमें बताओं क्यों हम जीते है? क्यों मरते है? क्यों हम दुखी होते है? क्यो हमारी इच्छाएँ बढती है? यह सब क्यों है?[23]

मनृष्य अपने कर्मो द्वारा ही अपना भाग्य लिख सकता है, लेकिन कर्मों में सिद्वि हो तो नियति पर विश्वास दृढ हो जाता है। प्रमोद कर्मफल में विश्वास रखता है। प्रमोद अपनी सामाजिक प्रतिष्ठा और उच्च पद की प्राप्ति को कर्म नही मानता। वह देने में विश्वास रखता है इसी से कर्तव्य की ओर अग्रसर हो सकते है उसका कहना है– मैं समाज में माननीय हूँ। एक नामी वकील रहा, अब जज के पद पर सज्जित हूँ यह कर्म का फल नहीं है। मै समझाता हूँ कि मैने अपने आप को खोया है, तभी मैं आम आदमी एक नामी जज बन पाया हूँ, मेरा मन तो यही कहता है कि कुछ खोकर ही कुछ पाया जाता है।[24]

परख

जैनेन्द्र कुमार का सबसे पहला उपन्यास परख है। परख उपन्यास में जैनेन्द्र कुमार ने स्वानुभूतियों की आदर्शात्मक अभिव्यक्ति की है। उन्होने परख की नायिका कट्टो को अपने–संदर्भ से ही रूपायित किया है। कट्टो का सजृन उन्होने अपने जीवन की एक छूनेवाली घटना से किया है। सन 1929 में जैनेन्द्र कुमार की मॉ मामा भगवानदीन के आश्रम में रहती थी। उसी समय आश्रम में रहने वाली तारादेवी नामक बाल विधवा के प्रति उनके मन में प्रेम का भाव उत्पन्न

हुआ। उन्होने तारादेवी से विवाह करने का प्रस्ताव किया लेकिन मामा भगवानदीन और मॉ की असहमति के कारण उनको तारादेवी को छोड़ देना पड़ा। लेकिन जैनेन्द्र कुमार के मन में सदैव उसकी पीड़ा बनी रही।

उनके शब्दों में ''तारा के साथ अपनत्व के मूल में कर्तव्य का आकषर्ण था। तारा के बाल–विधवा होने की स्थिति को देखकर जैनेन्द्र कुमार अत्यतं सवेदनशील थे। वह आयु और वातावरण भी सुधार का अधिक था। आदर्शवाद ने मुझे बड़ा सहारा दिया, लेकिन तारा से विवाह न कर पाने की पीड़ा मन मे सदैव बनी रही'। [25]

तारा देवी की इस स्थिति ने उसके मन को गहराई से स्पर्श किया, कि उसने अपने पहले उपन्यास में उस बाल–विधवा को ही परखा है। परख की बाल–विधवा कट्टो, तारा देवी की प्रति मूर्ति है। जैनेन्द्र कुमार ने परख उपन्यास में थोड़े ही पात्रों से अपने विचारों को प्रकट किया है। पात्र– कट्टो सत्यधन, बिहारी और गरिमा इन चारों पात्रो के द्वारा ही उन्होने अपने विचारों के अलग अलग पहलुओं को प्रतिपादित किया है। जैनेन्द्र ने पात्र सत्यधन के द्वारा समष्टि सत्य को खोजने का प्रयास किया है। इसलिए उन्होनें वैयक्तिक विचार संदर्भ और इसके मनोवैज्ञानिक सूझ–बूझ को उभारा है।

कटटो परख का केन्द्र पात्र है, कट्टो एक बाल–विधवा है वह मन ही मन सत्यधन से प्रेम करती रहती है। कट्टो सत्यधन के साथ अपना जीवन बिताना चाहती है। समाज की दृष्टि से वह भाग्यहीन है, इसलिए उसे तिरस्कार की दृष्टि से देखा जाता है। इन सब के कारण उसके मन में हीनता की भावना आ जाती है, लेकिन वह इसके प्रति पूर्ण रूप से

संवेदनशील नही है। वह बाल्यावस्था में ही विधवा हो चुकी है और चार वर्ष की अवस्था एक अबोध बालिका विवाह और विधवा के बारें में कुछ भी नही जानती। सत्यधन का संपर्क उसके मन में हर्षोल्लास भर देता है उसे नष्ट करना सभंव नही है, कट्टो सोचने लगती है कि मै भी श्रृंगार करूँ "मेले से दो चूडियॉ लाल, एक बिंदी टिकिया की डिबिया खरीदकर लाऊँ।[26]

कट्टो के मन में सत्यधन के प्रति प्रेम में एक ओर यौनाकर्षण की अभिव्यक्ति है तो दूसरी ओर उपास्य देवता के सम्मुख आत्मसमर्पण की आदर्शवादी–भावना भी नीहित है। कट्टो सत्यधन को ही अपने जीवन का आधार मानकर आत्मविभोर हो उठती है। लेकिन सत्यधन की उदासीनता और उसका गरिमा के साथ विवाह उसके मन को अन्दर तक तोड़ देता है, कि उसके मन में जड़ता आ जाती है और वह आत्म दमन के लिए प्रेरित हो जाती है। लेकिन सत्यधन से अस्वीकृत हो जाने पर उसके मन में वैधता की भयानकता भर जाती है।

पहले तो सामाजिक स्तर पर और बाद में मानसिक स्तर पर विधवा हो जाने के कारण अब बिहारी के साथ विवाह करे, वह साफ मना कर देती है, कट्टो के मन में विवाह से अधिक महत्वता वैधव्य शब्द की है। इन सब के बाद कट्टो अपने प्रम का दायरा विस्तृत करती है, क्योकि बिहारी और कट्टो के एक साथ रहने का आधार यौनाकषर्ण नही, बल्कि दो आत्माओं के अपने अहम के विसर्जन के द्वारा पूर्ण एकात्मकता को प्राप्त करने की आत्मसमर्पण की भावना है। उसके वैघव्य–यज्ञ की प्रतिज्ञा में एक–दूसरे का हाथ लेकर प्रतिज्ञा करते है। हम दोनों एक होंगे एक प्राण दो तन। हमें कोई भी जुदा नही कर सकेगा।[27]

कटटो के चरित्र में जैनेन्द्र कुमार ने प्रेम, सेवा, आत्मसमर्पण, विश्वास, उत्सर्ग आदि अदात मानवीय गुणों को सम्मिलित किया है। कट्टो का प्रेम उसके प्रति सहज आकषर्ण से प्रेरित होते हुए भी श्रद्धा मिश्रित है। इसके प्रेम में तर्क बुद्धि की अपेक्षा भावुकता का स्वप्न पूर्ण न होने पर उसने अपने आप को विधवा घोषित किया। उसका प्रेम छल, प्रपंच और कलंक के बाहर है। जैनेन्द्र कुमार ने कटटो के प्रेम की उदारता और उन्मुखता को दिखाकर, उसे ईश्वरीय सत्ता से जोड़ा है।

सत्यधन परख का नायक है परख उपन्यास में सत्यधन का रूप किताबी आदर्श और चिंतन से निर्मित है। सत्यधन ने वकालत पास करने के बाद भी गांधी जी, टालस्टाय और रस्क्रिन के विचारों से प्रभावित होकर भी वकालत शुरू नही की। सत्य और न्याय के पक्षधर रहने का आदर्श भी रखकर वह वकालत में आत्मा का नाश देखता है, उसके अनुसार वकालत में क्या है अपने देश का सत्यानाश और अपनी आत्मा का सत्यानाश है। [28]

सत्यधन के साथ साथ बिहारी भी कट्टो के साहचर्य और संपर्क में रहते रहते उसे प्रेम करने लगता है। लेकिन सत्यधन प्रेम की परिणति उस विवाह में स्वीकार नहीं कर सकता। इसलिए वह अपनी आत्मग्लानि को मिटाने के लिए कट्टो का हाथ अपने मित्र बिहारी के हाथों में सौप देना चाहता है। कट्टो से विवाह नही करता तो उसकी अपनी आंतरिक बेचैनी समाप्त नही होती। इन्हीं कारणों से दुखी होकर वह आत्म संतुष्टि के लिए आदर्श का चोला पहन लेता है। इस संघर्ष से मुक्त होने के लिए ही वह बडी चतुराई के साथ अपने मि़त्र बिहारी से विवाह करने के लिए कट्टो को

प्रेरित करता है। क्योकि समाज के रीति रिवाजों से उलझना उसके बस की बात नहीं है।

"सत्यधन नियतिवादी व्यक्ति है और दर्शन शास्त्र का अध्ययन और चिंतन मनन सदा करता रहता है। कट्टो की स्थिति को सोचकर उसके मन में जो उथल पुथल है, उसे शांत करने के लिए वह भाग्य का लिखा कहकर बात को टाल देता है और कहता है जो होना है, वह तो होगा ही। इन सबसे किसी के मन में कड़वापन नही होना चाहिए। सब हॅसी खुशी क्यों न जियें, हॅसी खुशी से ही क्यो न जाएँ।[29]

जैनेन्द्र ने सत्यधन को यर्थाथवाद का पात्र न बनाकर आदर्श जगत का निवासी दिखाया है, क्योंकि उसमें यथार्थ से लडने की क्षमता नहीं सत्यधन के आदर्शवादी स्वरूप को इससे क्षति होती है।

'परख' में सत्यधन का मित्र बिहारी आदर्श के पालन में अटल रहकर ही अपने आदर्शवाद व्यक्तित्व को विकसित करता है। बिहारी को जैनेन्द्र ने ऐसे पात्र के रूप में निरूपित किया है, जो द्वन्द और संघर्ष से कोसे दूर है।

"जैनेन्द्र कुमार के शब्दों में– बिहारी जल्दी ही खीच जाने को तैयार रहता है। उसके अनुसार किसी भी काम में बुराई नही होनी चाहिए। फिर तो बिहारी से जो चाहो वो करवा लो। वह एक अच्छा पात्र है हमेशा मदद के लिए तत्पर रहता है। बिहारी डूबते को बचाने के लिए मुसीबत में पड़ने में जरा भी देर नही करता। दस कदम दूर कूदने के लिए सुगम किनारा हो या नही, वह वहां जाने के लिए ठहरेगा नही और कितना ही कठिन कार्य हो, उतनी ही शीध्रता से उसमें कूदना चाहता है।[30]

विवाह के पश्चात् बिहारी कट्टो से उदार एंव सहिष्णुतापूर्वक व्यवहार करता है। कट्टो के निष्कंलक व्यवहार से वह मुग्ध होता है। बाहरी चमक–दमक एवं दिखावट में विश्वास नही, बिहारी आत्मा की पवित्रता को वांछनीय मानता है।वह कट्टो को अपने हाथ सौपकर पीछे हटने वाले सत्यधन की कायरता एवं निष्क्रियता के प्रति सवेदनशील है। बिहारी सरल एवं सादा जीवन बिताकर धैर्य एवं दृढ़ विश्वास के साथ कर्मठ है।

"जैनेन्द्र कुमार ने परख उपन्यास में बाल–विधवा की समस्या को सामाजिक से अधिक वैयक्तिक संदर्भ से जोड़ा है और मनोवैज्ञानिक सूझ–बूझ के द्वारा एक नये दृष्टिकोण से देखा है। कट्टो अपने वैधव्य और ब्याह दोनो को अपनी आत्मा से स्वीकार करती है और ब्रहमचर्य की ओर उन्मुख होती है। कट्टो के शब्दो में हमने प्रतिज्ञा की है वह कुँआरे धर्म का पालन करेंगे और ऐसे ही रहेगें। हम दोनों में से कोई भी अपने बारे में नही सोचेगें। सिर्फ दूसरो की सोचेगें। दूसरो की ही सोचेंगें। क्योकि बिहारी बाबू तो दुनिया में बिहार के लिए ही बने है वह एक के होने के लायक नही, वह तो सबके लिए है। मैने उनमें यही सब देखकर उनके साथ प्रतिज्ञा बॉधी थी, बस यही बात है कि इसे बिहारी बाबू ब्याह कह ले या कुछ भी कह ले"।[31]

परख में कट्टो और बिहारी के वैधव्य यज्ञ में भोग और काम वासना की गंध तक नही बल्कि त्याग सेवा और ब्रंहमचर्य की भावना प्रबल है जो जैनेन्द्र द्वारा प्रतिपादित सामाजिक समस्या का दार्शनिक समाधान है।

सुखदा

सुखदा उपन्यास में प्रमुख चार पात्र है सुखदा प्रमुख है, लाल उसका प्रेमी, कांत उसका पति और एक अन्य प्रेमी के रूप में हरीश को भी प्रस्तुत किया गया है। उपन्यास में कुछ गौण पात्र भी है जैसे हीरा सिंह, गंगा सिंह और विनोद आदि।

सुखदा आत्मकथात्मक शैली में लिखा हुआ उपन्यास है। जैनेन्द्र ने उपन्यास में सुखदा को एक ऐसी नारी के रूप में निरूपित किया है, जो अहंभावना की आग में तो जलती है, लेकिन साथ ही शीतल जल में डूबकर पश्चाताप् करके मुक्त होने का प्रयास भी करती है। एक नारी चरित्र के रूप में जिन गुणों की कल्पना की जाती है, उन सभी गुणो की अभिव्यक्तियों को जैनेन्द्र ने सुखदा के रूप में दर्शाया है।

सुखदा ऐसी लड़की है जो अपने मॉ–बाप के घर में बडे ही लाड–प्यार से पली–बड़ी है और इसी प्यार के चलते वह अपने जीवन में सभी सुख सुविधाओं का स्वप्न देखती रहती है। सुखदा को एक ऐसा पति मिलता है, जो महिने में सिर्फ डेढ सो रूपये ही कमाता है। वह विवाह के कुछ समय पश्चात् ही अपने पति की आर्थिक स्थिति को देखकर बहुत दुखी हो जाती है। वह अपने पति से भी प्रेम नही कर पाती। इन्हीं सब के कारण वह अपने घर से घृणा करने लगती है। सुखदा का क्रांति की ओर झुकाव हो जाता है। सुखदा पति की आज्ञा के बिना ही क्रांतिदल से संपर्क रखती है और अपने आप को क्रांति के लिए समर्पित कर देती है। यही उसका बहिर्मुखी होने का परिचायक है।

जैनेन्द्र ने सुखदा को एक कुण्ठाग्रस्त नारी के रूप में दिखाया है, इसके भी अनेक कारण है सबसे बडा सुखदा की

अहंभावना उसकी हीनता ग्रन्थि और दमित कामवासना। वह अपने सपनो में एक अमीर पति की इच्छा रखती थी, लेकिन उसे एक गरीब पति मिला जो मात्र डेढ सौ रूपये मासिक कमाता था। इन सबसे उसकी हीनता ग्रन्थि अधिक प्रबल होती है। शादी के बाद वह अपने पति को ताने मारती रहती है सुखदा का कहना था – "इनका वेतन तो गिनती के लायक भी नहीं है, क्योंकि ये तो महीने में सिर्फ डेढ सो रूपये ही कमा पाते है डेढ सौ रूपये की मै क्या गिनती करूँ।[32]

सुखदा का पति कांत एक अच्छे स्वभाव वाला और उदार व्यक्ति है, लेकिन आर्थिक स्थिति कमजोर होने के कारण वह कांत को छोटा मानने लगी। इसलिए वह बाहर की ओर आकर्षित होने लगी। जिस क्रांतिदल में वह काम करती है, उसी दल में काम करने वाले लाल में वह अपने मन में बसे हुए पुरूष को देखती है उसे देखकर उसकी काम वासना की पूर्ति होती है। अब उसकी रूचि घर से अधिक बाहर है। वह अपने पति के साथ सें ज्यादा लाल के साथ रहना पसन्द करती है। सुखदा की अहंभावना इतनी बढ़ जाती है कि वह अपने आप को एक पत्नी के रूप में तो बन्दी समझती है और एक प्रेयसी के रूप में स्वच्छन्द। इसलिए वह समय–समय पर पति पर गुस्सा निकालने लगती है। और कहती है –कि "मैं आपके घर में बन्दी बनकर नही रह सकती। मुझे बाहर बहुत काम है मै घर पर नही बैठ सकती। मै आपकी गुलाम नहीं हूँ, मै आपके हाथों की कठपुतली नहीं बनना चाहती। यह सब मुझसे नही होगा "।[33]

सुखदा अपने आपको स्वतंत्र करने के लिए पति को छोड़ना चाहती है। वह अपने पति से कहती है जो कुछ मेरे

पास है आप सब कुछ ले लो –" मुझे आपसे स्वतंत्रता चाहिए। मुझे आपसे न कोई प्यार चाहिए न दुलार और न ही कोई जेवर चाहिए। तुम्हारा जो कुछ है सब ले लो, और मुझे छोड़ दो।[34]

सुखदा अपने आप को सफल बनाने में न पति की अनुमति चाहती है और न ही समाज की स्वीकृति। उसकी प्रवृत्ति इतनी प्रबल हो चुकी है कि वह बस जीतना चाहती है, विजयी होना चाहती है। सुखदा अपने पति को नीचा दिखाने के लिए क्रांतिदल की अधिष्ठात्री भी बन जाती है। वह लाल के प्रति इतनी आकर्षित है कि हर समय अपने पति को सुनाती रहती है। सुखदा लाल को सर्वगुण संपन्न मानती है और अपने पति को लाल के पैर की धूल समझती है। सुखदा कहती है कि तुम मुझे छोडों और बस अपनी डेढ सो रूपये वाली नौकरी सभालों।"[35]

सुखदा के चरित्र का मनोवैज्ञानिक विश्लेषण करके यह ज्ञात हो जाता है कि उसके मूल में अहं भावना रहती है। उसका व्यक्तित्व एक पत्नीत्व और प्रेयसीत्व में उलझकर रह गया है। इन सबमें वह अपने को टूटा हुआ महसूस करती है। इसलिए वह न तो अपने घर को संभाल पाती है और न ही बाहर अपनी प्रतिष्ठा प्राप्त कर पाती है। सुखदा अतं में अपने जीवन के सभी पहलुओं को समझती हुई पश्चाताप का निर्णय करती है। पश्चाताप के पश्चात् सुखदा को हल्का महसूस होता है – वह कहती है, यह सब करके मानो मेरे मन का द्वन्द खत्म हो गया है। मै अपने आप को हल्का महसूस कर रही हूँ, इसके बाद वह अपने आप को एक बदली के समान समझती है, जैसे हल्की धूप, सुबह की किरणो के समान खिलती हुई बदली के रूप में देखती है" ।[36]

हरीश भी सुखदा उपन्यास का पात्र है, वह जिस कांति दल में काम करता है, सुखदा भी वही काम करती है। इसी बीच में दोनों एक–दूसरे के संपर्क में आते है। हरीष दल–संगठक है। हरीश अपना सब कुछ त्याग कर दल के लिए काम करता है। वह बचपन से ही राष्ट्र प्रेम, देश–प्रेम एवं सेवा में अग्रणी है। वह इस कार्य में देश के लाभ को प्रमुखता देता है, अपने लाभ को नही। वह अपने आप को गृहस्थी से दूर रखता है।

लाल को भी जैनेन्द्र कुमार ने एक कांतिकारी के रूप में प्रस्तुत किया है। लाल अविवाहित है, पर वह काम वासना के प्रति अग्रसर रहता है। सुखदा के सपंर्क में आने से लाल की काम वासना जागृत होती है। लाल सुखदा के निरन्तर संपर्क में रहना चाहता है।वह उसको स्त्री के रूप में चाहता है। लाल सामाजिक नीति को अपने संबध के बीच में बाधा मानता है वह कहता है –हम लोग विधि निषेध नही जानते। हम जैसे लोग तो बस यही जानते है कि यह स्त्री है और यह पुरूष है। यह दोनों ही एक –दूसरे के पूरक है।[37]

उपन्यास में लाल की काम–वासना और वृत्ति ने उस के चरित्र को असाधारण बना दिया। लाल के पास धन का भी अभाव था और नारी का प्रेम का भी। इन दोनो के अभाव ने लाल को गलत काम करने के लिए अग्रसर किया। लाल के बारे में डा0 बलराज सिंह राणा ने कहा है – उनके जीवन में नारी प्रेम़ और आर्थिक स्थिति कमजोर होने के कारण वह क्रातिकारी होने का मार्ग अपनाते है। इन सब के बाद लाल का स्वभाव भी सबसे कट जाता है। इन सबके कारण वह किसी के घर भी चोरी करने को तैयार रहता है, सिर्फ चोरी

या डकैती ही नही, वह किसी की हत्या भी कर सकता है, उसे अब किसी का डर भय नही।[38]

सुखदा का पति कांत एक अच्छे चरित्र एवं शांत स्वभाव का व्यक्ति है। इसलिए वह सुखदा की इच्छानुसार कार्य करने में कभी भी गलती नही करता। वह हमेशा सुखदा को खुश करने की कोशिश करता है ,लेकिन सुखदा उसे ऐसे करते देख चिढ जाती है। वह कांत को ताने मारती रहती है। कांत हमेशा सुखदा के प्रति विनम्रता दिखाता है, कांत की विनम्रता को देखकर सुखदा के लिए यह सब असहनीय हो जाता है। सुखदा कहती है कि स्त्री को केवल खुला छोड़ना और न समझना सही नही होता। वह सिर्फ इतना ही नही चाहती, वह अपने रिश्ते में ही स्वीकृति चाहती है।[39]

सुखदा अपनी जीवन में आने वाली सभी समस्याओं से पराजित होकर ईश्वर से प्रार्थना करती है ''हे भगवान अगर तू कहीं है और मुझे सुन रहा है तो मैं क्या करूँ। क्योकि तू ही है जो सब कुछ जानता है, मेरे मन की पीड़ा को समझता है। तू तो अंतर्यामी है। अब तुम ही बताओ मै कैसे तुम्हें पा सकती हूँ, मै अपने आपको तुम्हारे सामने समर्पित करती हूँ। सुखदा आस्था वादी तो है ही और वह नियति में भी विश्वास करती है। तुम्हारे सामने तो कुछ कहने के लिए रहता ही नही, तुम तो सब कुछ जानने वाले अंर्तयामी हो।

सुखदा जीवन में आने वाले सभी दुखों को अपने ही किए हुए कर्मो का फल मानती है। वह विधाता से कहती है जो आप चाहते हो, वही होता है। सुखदा अपनी आत्मपीडा के द्वारा उससे छुटकारा पाना चाहती है। वह अपने आप को पराजित देखकर, ईश्वर से कहती है कि तुम तो इन सबके

रचयिता हो। जो तुम हमारे भाग्य में लिखते हो, उसे ही नियति का लेख माना जाता है। तुम उपर बैठकर सब तमाशें देखते रहते हो। यही विधि का विधान है।[40]

सुखदा उपन्यास में सुखदा के पति कांत का चरित्र जैनेन्द्र कुमार के चिंतन की कसौटी पर खरा उतरा है। कांत एक ऐसा व्यक्ति है जो अपनी पत्नी को किसी बंधन में नही बाधना चाहता है वह बहुत ही उदार व प्रेम से निपुण व्यक्ति है। उपन्यास में कांत के प्रेम का अलग ही स्वरूप नजर आता है, वह अपने आपको जबरदस्ती सुखदा पर नहीं थोपता सुखदा एक ऐसी साहसिक एवं वीरतापूर्ण लडकी है, जो अपने पति के समपर्ण को अधिक समय तक स्वीकार नही कर पाती। कांत एक पति और विवाह के नाम पर सुखदा को किसी बधंन नही बांधता, उस पर कोई अधिकार नही रखता। कांत के शब्दो में विवाह एक पवित्र बंधन है, मैं अक्सर सोचता रहता हूँ कि आखिर विवाह क्या है? विवाह के नाम पर किसी पर अधिकार तो नही जमाया जाता। किसी स्वतंत्र व्यक्ति को बंधक तो नही बनाया जाता। विवाह का अर्थ तो त्याग है, समपर्ण है, यही चीजें विवाह को सफल बनाती है, समपर्ण में ही सार्थकता होती है।

विवर्त

'विवर्त' जैनेन्द्र कुमार का एक ऐसा उपन्यास है जिसमें नारी पात्र को अहम पात्र के रूप में न डालकर एक नर को मुख्य पात्र बनाकर निरूपित किया है। 'जितेन' विवर्त उपन्यास का केन्द्र पात्र है, जिसकी कथा जितेन के चारो ओर घूमती रहती है। अन्य पात्र भुवन मोहिनी, तिन्नी, मिथिला ,डा कपूर चडढा और नरेशचन्द्र।

'विवर्त' का मुख्य नायक 'जितेन' है। जितेन एक अग्रेंजी समाचार–पत्र विभाग में काम करता है। वह भुवन मोहिनी नामक युवती से प्रेम करता है। मोहिनी एक अमीर परिवार की लड़की है और जितेन की आर्थिक स्थिति अच्छी नहीं है। जितेन मोहिनी से प्रेम तो करता है लेकिन अपने दोनों के रहन–सहन में अतंर को देखते हुए, कभी उसे अपनी प्रेम के बारे में नही बताता। इसी बीच भुवन मोहिनी का विवाह किसी अन्य व्यक्ति से हो जाता है। मोहिनी के विवाह के बाद जितेन के व्यवहार में बदलाव आ जाता है। वह नौकरी को छोडकर हिसंक क्रांतिकारी बन जाता है। जितेन का मानसिक संतुलन बिगड़ जाता है, वह अमीर व्यक्तियों से घृणा करने लगता है। बात घृणा पर ही खत्म नही होती, वह पचास हजार रूपये के लिए भुवन मोहिनी का अपहरण भी कर लेता है। भुवन मोहिनी जितेन की यर्थाथ अवस्था को जानती है, वह जितेन के सम्मुख अपने आप को समर्पित कर देती है। जितेन मोहिनी से सच्चा प्रेम करता है, वह अन्य किसी भी स्त्री के प्रति मोहिनी जैसे भाव नही रखता। मोहिनी के आत्मसमपर्ण करने से उसकी हिंसक प्रवृत्ति नष्ट हो जाती है। इसके बाद 'जितेन अपने आप को दोषी ठहराकर, स्वयं को पुलिस के हवाले कर देता है। वह पुलिस से कहता है कि सब दोष उसी का है'। क्योंकि करने से बडा गुनाह, चोरी करानेवाले का होता है। असली दोषी कराने वाला होता है, मुझमें ही जहर था, दोषी मैं ही हूँ। मेरे सारे दोस्त बेगुनाह एवं निर्दोष है।[41]

जितेन की ऐसी हालत देखकर भुवन मोहिनी कहती है कि कमी तुममे ही है, जो तुम मोटर गाडियों बंगले आदि को भूल नही पाते। वह जितेन से प्रेम करती है और अपने बीच

अमीरी–गरीबी के फासले को नही आने देती। इसलिए वह कहती है कि तुम्हारे मन में भी प्रेम होता तो तो तुम अमीर–गरीब वाली बात नही करते। भुवन मोहिनी सब कुछ छोडकर केवल प्रेम को ही महत्वपूर्ण मानती है, प्रेम को ही महत्व देती है।[42]

भुवन मोहिनी जितेन की असाधारण स्थिति को समझती है। जितेन जब मोहिनी को उठाकर ले जाता है। तब भी वह उससे कुछ नही कहती। मोहिनी स्वयं को जितेन के सम्मुख समर्पित कर देती है। वह जितेन के पैरा में गिरकर उससे सही रास्ते पर चलने की प्रार्थना करती है।वह कहती है कि अपने आप को दुख मत दो, तुम तिल–तिल कर मर रहे हो। मोहिनी कहती है कि तुम एक बार में ही मुझे मार डालो। मैं तुम्हे घुट–घुट कर मरता हुआ नहीं देख सकती।[43]

जैनेन्द्र ने एक और पात्र का विवरण उपन्यास में किया है। वह पात्र नरेशचन्द्र है। नरेशचन्द्र भुवन मोहिनी का पति है। वह बहुत ही उदार एवं सुलझे हुए व्यक्ति के बारे में जानता है लेकिन वह कभी भी उस पर इस प्रेम के प्रति अपनी अनिच्छा प्रकट नही करता। वह भुवन मोहिनी से प्रेम करता है और उस पर विश्वास भी रखता है। जब जितेन रमेशचन्द्र के घर में शरण लेता है, तो वह स्वयं पीछे हट जाता है। जितेन के सारे काम तथा सभी सुख–सुविधाओं, को पत्नी की जिम्मेदारी बना देता है। रमेशचन्द्र एक आस्थावादी इंसान है, वह सभी घटनाओं को नियति का लेख मानता है। रमेशचन्द्र अपनी उदारता के कारण पत्नी के पूर्व प्रेम या विवाह के पश्चात् प्रेम में कोई बाधा नही डालता। उसके व्यक्तित्व की यही सब विशेषताएँ, उसे जैनेन्द्र कुमार के उपन्यासों में एक मुख्य पति की भूमिका के रूप में दर्शाती है।

जयवर्धन

जैनेन्द्र कुमार के 'जयवर्धन' उपन्यास का मुख्य पात्र जयवर्धन ही है। जयवर्धन राज्य का शासक है। राज्य का शासक होने के साथ–साथ वह लोकप्रिय भी है। वह राजनीति तो करता है लेकिन वह पद का लोभ नही करता। वह राजनीति में देश की सेवा को ही अहम मानता है। वह शासक के रूप में अधिकार नही जताना चाहता। इला एक आचार्य की पुत्री है। जयवर्धन और इला का विवाह नही हुआ है , लेकिन वो दोनों एक साथ रहते है। समाज में ऐसे रहने से समाज वाले इन दोनो के चरित्र पर लांछन लगाते है। जयवर्धन एक आत्मविश्वासी व्यक्ति है, वह सामाजिक विद्रोह का सामना करता है। वह प्रेम और अहिसा के मार्ग पर चलने वाला व्यक्ति है। वह अपने बल से और प्रेम सहित उलझन भरे, दिनों को पार कर लेता है। जयवर्धन एक ऐसे चरित्र वाला व्यक्ति है, जो स्वतंत्र रहना चाहता है और स्वतंत्र रखना। वह किसी को भी बन्धन में नहीं बांधना चाहता और नहीं बंधना चाहता है। वह सोचता है कि जब प्रेम का परिवर्तन विवाह में होता है, तो वह बंधन के रूप में उभरता है। वह अपने पुरूषत्व को प्रधानता नही देता। जयवर्धन में संयम और अंहिसा का महत्वपूर्ण स्थान है। वह प्रेम के शारीरिक संबध को महत्व न देकर आत्मिक स्तर को प्रमुखता प्रदान करता है। जयवर्धन ने ब्रहमचर्या की एक अलग ही परिभाषा व्यक्त की है। ''वह प्रेम को अलौकिक रूप में स्वीकार करता है प्रेम के प्रति जो चर्या होती है, वह उसी को ब्रहम की चर्या मानता है। अर्थात उन्होने प्रेम को ब्रहमचर्या का नाम दिया है। जीवन में प्रेम होना अनिवार्य है। प्रेम ही सब कुछ है बाकी कुछ नही। यही उसके जीवन की निष्ठा बन गई है'' ।[44]

जयवर्धन के विचारों के अनुसार सांसरिकता का इतना सांसारिक महत्व नहीं जितना आध्यात्मिकता का है। वह राजनीति भी करता है लेकिन केवल देश की सेवा के लिए इसमें उसका कोई लोभ नही होता। अंत में वह राजनीति को भी त्याग देता है और स्वयं को नियति के भरोसे छोडते हुए कहता है ''ईश्वर में विश्वास रखता हूँ। भाग्य के उपर सब–कुछ छोड़ देता हूँ, मैं, खुद भी नहीं हूँ सब–कुछ नियति है। यहॉ कुछ करने के लिए स्वयं को मिटाना ही पड़ता है। स्वंय को छोडकर पर में परिवर्तित होना पड़ता। इसके अलावा यहाँ कुछ भी नहीं है।[45]

'स्व' को मिटाये बिना व्यक्ति सांसारिक बंधनो से मुक्त नही हो सकता। 'स्व' को तभी मिटाया जा सकता है, जब ईश्वरीय आस्था में खुद को विलीन किया जाए इसका एकमात्र साधन ईश्वर ही है। जयवर्धन के शब्दो में –व्यक्ति तो एक प्रश्न है बाकि सबको उलझन का रूप दिया गया है। इन सबसे दूर होने का एकमात्र साधन ईश्वर में आस्था है। असल होना तो भाव में है, जिसका आकार हो, वह तो अंश ही होता है।[46]

जयवर्धन और इला साथ में रहते है। उनके मन में कोई खोट नही है।वह दोनो बिना विवाह के एक साथ रहते है, सब लोग उनको हीन दृष्टि से देखते है।, वह नारी के जीवन की सार्थकता पुरूष को सहयोग एवं प्रेरणा प्रदान करने में मानता है, वह नारी पर अधिकार जमाना अपना लक्ष्य नही मानता। इस बारे में उन्होने कहा है कि ''स्त्री कभी यह नही चाहती कि पुरूष अपने आपको उसकी ओर मोड़ ले। वह पुरूष को हर समय आगे बढता देखना चाहती है। इसलिए वह उसके पीछे रहती है।[47]

जयवर्धन एक राजनीतिज्ञ होने के साथ–साथ अर्तद्वंद और एकांकीपन का भी शिकार है। इला उसकी पीड़ा को दूर करने तथा उसके सांसारिक जीवन को सही मार्ग पर लाने के लिए उसके साथ रहती है। इला निस्वार्थ भाव से उसकी सेवा करती है। जयवर्धन जब इला को उसकी सेवा करने पर फटकारता है, तब भी वह यही कहती है तुम्हारी लड़ाई मुझसे से ही है। तुम यहां से जाओ, मेरी सेवा को छोड़ो और अपने पिता की सेवा करो, तुम्हें यह सब करने की कोई आवश्यकता नहीं है। मैं तुम्हे अकेला नहीं छोड़ सकती, मैं तुम्हारे पास हूँ, तभी तुम यहां हो नही तो जाने कहां होते। इसलिए इला जयवर्धन के लौकिक पक्ष को महत्वपूर्ण मानती है।[48]

जैनेन्द्र कुमार ने उपन्यास में पात्र चिदानंद को जयवर्धन का राजनीतिक विरोधी बनाया है। वह उसका प्रति द्वन्दी है। चिंदानंद का स्वरूप भारतीय मर्यादाओं एवं भारतीय संस्कृति में बसता है। इन्हीं कारणों की वजह से वह इला और जयवर्धन का बिना विवाह के साथ रहना सही नही मानता। चिदानंद के विरोधी शब्द ''इनकी हिम्मत तो देखिए, न एक –दूसरे से विवाह करते है, न एक–दूसरे का साथ छोडते है, और न ही किसी की सुनते है। मुझे तो यही समझ नही आ रहा है कि ऐसे अर्धमी व्यक्तियों को हमारा जन कैसे स्वीकार कर रहा है मैं इनके विरूद्व खड़ा हूँ क्योंकि हमारा देश एक आदर्श रामराज्य है'।[49]

उपन्यास में एक अन्य पात्र आचार्य जी भी है। जो इला के पिता है उनका विश्वास ईश्वर में है वह आस्थावादी है। आचार्य जी हर दो चीज के बीच में ईश्वर को ही महत्ता देते है। इला के पिता के शब्दों मे हम सब उसकी ही संतान है।

हर जगह ईश्वर है संसार में सब कुछ वही करता है। ईश्वर के सिवाय कुछ भी नही। अगर दो व्यक्ति साथ रहते है, तो वह भी ईश्वर ही है और अगर अलग–अलग रहते है ,तो वह भी ईश्वर ही है, विवाह भी ईश्वर कराता है और तलाक भी वही कराता है। ईश्वर की मर्जी के बिना तो एक पत्ता भी नही हिलता जगत में सब–कुछ मिथ्या है, ईश्वर ही परम सत्य है।[50]

लिज्रा भी जयवर्धन उपन्यास की पात्र है, वह प्रगतिवादी दल के नेता श्री नाथ की पत्नी है। वह अपने मन ही मन में जयवर्धन से प्रेम करती है, लेकिन अपनी कामना को दबाए रखती है। वह जयवर्धन के सपंर्क में रहने के लिए अपने पति श्री नाथ को भी उसके दल में शामिल करवा देती है। वह हरेक कार्य जयवर्धन की ही इच्छानुसार करती है। उसका मानसिक झुकाव इन शब्दो में व्यक्त किया गया है – भारत सबका देश है, वह किसी एक का नहीं है, मैं यही रहूँगी। यहां से कहीं नही जाउॅगी। अपना देंश बडा ही प्यारा है, इस पर मेरा भी उतना ही हक है, जितना और सबका। इसलिए मैं अपने देश में ही रहूँगी, कोई ऐसा कारण भी नही है कि मैं यहां से जाउॅ।[51]

इस उपन्यास में जैनेन्द्र कुमार ने देश के प्रति सेवा भाव, प्रेम आदि को दर्शाया है। उन्होनें भारतीय समाज के सामाजिक, आर्थिक एवं राजनीतिक सभी पहलुओं पर विचार किया है।

व्यतीत

जैनेन्द्र कुमार ने 'व्यतीत' उपन्यास में कम से कम पात्रों और उनके कम से कम घटना संदर्भो के द्वारा अपने विचारों को प्रकट किया है। पात्र– जयन्त, चन्द्री, अनिता आदि। 'व्यतीत'

उपन्यास में एक ऐसे व्यक्ति की मानसिक कुण्ठा को दशार्या गया है, जो प्रेम तो करता है, पर उसकी शादी नही होती। अर्थात जयन्त जिससे प्रेम करता है उससे उसकी शादी नही होती, जिससे उसका विवाह होता है ,उससे वह प्रेम नही कर सकता। उपन्यास में 'गेस्टाल्टवाद के सिद्वान्तों 'की झलक देखने को मिलती है। 'व्यतीत ' मे जैनेन्द्र कुमार के विचार के अनुसार 'स्व' को 'पर' में विलीन करके मुक्ति प्राप्त करने को महत्वपूर्ण दिखाया गया है। व्यक्ति के स्वार्थ से ही 'स्व' की उत्पति होती है। जगत को मिथ्या बताया गया है, पूर्ण सत्य तो विधाता ही है, विधाता को हम तभी प्राप्त कर सकते है, जब 'स्व' का त्याग कर चुके हो।

'व्यतीत' उपन्यास का केन्द्र पात्र जयन्त है। वह अपने पैंतालीसवें जन्मदिन पर अपने बीते हुये दिनों को स्मरण करता है। उन दिनों को याद करके जयन्त की मानसिक स्थिति असाधारण दिखाई पडती है। कालेज के दिनों में जयन्त मैधावी छात्र रहा है, वह परिश्रमी एवं अनेक उपलब्धियों को प्राप्त करने वाला विधार्थी है। जयन्त अनिता से प्रेम करता है। अनिता उसकी दूर की रिश्तेदार है। अनिता को देखकर जयन्त में आत्म–विश्वास भर जाता है। उसका प्रेम जयन्त को स्फूर्ति प्रदान करता है। लेकिन अनिता का विवाह जयन्त से न होकर किसी अन्य व्यक्ति से हो जाता है। अनिता के विवाह का प्रभाव जयन्त पर बुरा होता है। उसके विवाह के पश्चात् जयन्त अपने आपको बेकार एवं अयोग्य समझकर अपने ही जीवन से कट जाता है, इससे जयन्त की मानसिक स्थिति अस्वस्थ हो जाती है। वह अनिता को इस गहराई तक प्रेम करता है कि उसके बाद किसी अन्य स्त्री को प्रेम नही कर

सकता। सुमिता एक संपादक की पुत्री है, सुमिता के प्रति जयन्त आकर्षित तो होता है, परन्तु वह सुमिता से प्रेम नही कर सकता।

जयन्त का विवाह अनिता और सुमिता से न होकर, चन्द्री से होता है। वह विवाह करने के पश्चात चन्द्री के साथ सुखी जीवन नही बिता सकता, क्योकि वह उससे प्रेम नही करता। उसके मन मंदिर में सिर्फ अनिता ही बसती है। चन्द्री के साथ कश्मीर में जयन्त हनीमून मनाने जाता है, लेकिन चन्द्री और जयन्त के बीच पति–पत्नी का रिश्ता नही जुड पाता। चन्द्री की कामोत्तेजना भी जयन्त की मानसिक कुण्ठा को दूर नही कर पाई। जयन्त को अपने प्रेम की असफलता से उत्त्तेजित मानसिक कुण्ठा को दूर करने के लिए आत्म पीडा का ही सहारा लेना पडता है। वह अपने जीवन से निराश होकर फौज में भर्ती हो जाता है। जव वह घायल हो जाता है तो उसे अपनी आत्म पीडा से संतुष्टि का अनुभव होता है। एक बार अनिता जयन्त को अपने साथ कलकत्ता ले जाती है, वहां वह स्वयं को जयन्त के सम्मुख समर्पित कर देती है। अनिता के मानसिक समपर्ण से जयन्त को शांति मिलती है। वह पहले की भांति सामान्य बन जाता है। वह जीवन की सच्चाई को पहचान कर एवं समझकर साधु वस्त्र धारण करके साधु बन जाता है। उसके अनुसार – वह कहता है यह जीवन तो बेकार है, इसे तो मुझे पहले ही खो देना चाहिए था, कम से कम यह भटकता तो नही रहता। अब तो हुआ सो हुआ मैने सुना है कि दूसरा जन्म भी होता है। अब तो दूसरे जन्म में ही किसी को पाने की आशा रखूँगा, यह जन्म तो व्यर्थ ही निकल गया।[52]

अनिता के आत्म समपर्ण से ही जयन्त की मानसिक कुण्ठा समाप्त होती है। इसके बाद वह ईश्वर की भक्ति में लीन हो जाता है। वह अपने आपको साधु के रूप में दर्शाता है उसकी हिंसात्मक भावनाएँ अंहिसात्मक भावनाओं में परिवर्तित हो जाती है। वह जगत की सभी चीजों को व्यर्थ समझने लगा है।वह कहता है मनुष्य का जीवन ही व्यर्थ होता है, वह अपने मन को भी नही संभाल सकता। उसके मन पर किसी ओर का वशीकरण हो जाता है। अपने मन पर उसका जोर नही चलता, मानो दूसरे के सामने सब शुन्य हो जाता है। समझो उसका अपना तो कुछ होता ही नही और वह सबके सम्मुख एक मजाक बन कर रह जाता है।'[53]

अनिता 'व्यतीत' उपन्याास की नायिका है। वह जयन्त से प्रेम करती है और जयन्त उससे। एक–दूसरे से प्रेम करने पर भी उनका विवाह नही होता। अनिता का विवाह मि0 पुरी से होता है। इसके कारण जयन्त की मानसिक स्थिति खराब हो जाती है। जिसका दोषी वह स्वयं को मानती है। जयन्त की पीड़ा को दूर करने के लिए अनिता हर संभव प्रयास करती है। जयन्त स्त्रियों से घृणा करता है। वह जयन्त की स्त्रियों के प्रति अरूचि देखकर उसको चन्द्री के लिए आगे बढने को कहती है। अनिता कहती है – मेरे पास सिर्फ आज का दिन है, मेरे पति मुझे आज के लिए स्वयं छोडकर गये है। इसके बाद मेरे पास तुम्हारे लिए कभी समय नही होगा। अब तुम मेरे प्रश्नों के उत्तर दो। क्या स्त्री डायन है, जो तुम्हें खा जायेगी? तुम्हें कहीं का नही छोडेगी। मैं चन्द्री से मिली थी। वह मेरे सामने रो रही थी। मैं तुमसे पूछती हूँ, तुम क्या चाहते हो? जयन्त तुम इतने निर्दयी कैसे हो गये। ये तुम्हारी बहादुरी नही

है। औरत के मन को तुम नही समझ सकते, अगर तुम बहादुर हो तो, मैं अपने–आपको समर्पण करती हूँ, तुम मेरे पास आकर देखो।[54]

अनिता जयन्त की मानसिक कुण्ठा दूर करने के लिए उसके पुरूषत्व पर सवाल उठाती है। इतना सब सुनने के बाद जयन्त को गुस्सा आता है और वह अनिता पर हाथ उठा देता है। जिसे देखकर अनिता को शांति मिलती है।अनिता के आत्म समर्पण को इन शब्दों में व्यक्त किया – जयन्त के सामने समर्पित हूँ, तुम जैसे चाहो, वैसे मुझे प्राप्त कर सकते हो। मैं तुम्हारें लिए पूर्ण समर्पित हूँ। एक स्त्री हर समय यह नही कह सकती। ये सब मैं अपने होश–हवाश में कह रही हूँ। मैं बेसुध नही हूँ, मुझे अब तुम्हारे प्रति कोई कामना नही है, लेकिन यह सब मैं तुम्हारे पुरूषत्व के लिए कर रही हूँ। तुम अब मुझसे बचकर जा नही सकते।[55]

जयन्त और चन्द्री का विवाह हुआ है। इन दोनो के बीच दाम्पत्य जीवन का सुख नही है। चन्द्री अपने विवाहित जीवन से अतृप्त है जयन्त ने चन्द्री से विवाह अपने व्यक्तित्व की चुनौती के आधार पर किया है। उनका विवाह उनकी इच्छा से नही होता। यह सब कुमार की चेतावनी के कारण हाता है हनीमून के समय भी जयन्त चन्द्री में कोई रूचि नही दिखाता। जयन्त का यह व्यवहार चन्द्री से असहनीय हो जाता है। वह अपने वस्त्र उतारकर जयन्त को अपनी विवशता दिखाती है, जयन्त चन्द्री के अशांत मन को इन शब्दो में व्यक्त करता है – वह जयन्त के व्यवहार को देखते हुए गुस्से में अपने सारे कपड़े उतारकर रख देती हे। अंतिम कपड़ा उतारकर मेरे मुँह की ओर फैकती है और दॉत पिसती हुई कहती है, अब सर्दी नही लगेगी।[56]

चन्द्री दुखी तो बहुत है, लेकिन पति की मानसिक कुण्ठा को भी वह दूर करना चाहती है। इसलिए एक दिन वह अनिता और जयन्त का एक ही कमरे में सोने का इतंजाम करती है। स्वयं रसोईघर में सो जाती है। वह पति को सही मार्ग पर लाने के लिए स्वयं के लिए त्याग का मार्ग चुनती है। चन्द्री स्वयं दुखी होते हुए भी जयन्त से घृणा नही करती।

मुक्तिबोध

'मुक्तिबोध' एक लधु उपन्यास है। यह साहित्य अकादमी द्वारा पुरस्कृत है। जैनेन्द्र कुमार ने 'मुक्तिबोध में इन पा़त्रो को सम्मिलित किया है, सहाय, नीलिमा, तमारा, अंजलि, राजश्री, कुॅवर साहब, ठाकुर महादेव सिंह, भानुप्रताप, बी0पी0 वीरेश्वर, मुनिया आदि। लेकिन प्रमुख पात्र के रूप में नीलिमा, राजश्री और सहाय को ही दशार्या गया है। इन्ही पात्रों के चरित्र को आधार बनाकर उपन्यास का मनोवैज्ञानिक अध्ययन किया गया।

सहाय को उपन्यास में राजनीतिज्ञ के रूप में दर्शाया गया है। इतने सालो तक राजनीति करते करते वह राजनीति के शिखर पर पहुॅच गया। चौवन वर्ष की उम्र में पहली बार सहाय के जीवन में दुविधा आई। जिसके कारण उसका सारा जीवन द्वन्दात्मक एवं गतिहीन हो गया और उसने इन सबसे मुक्त होने के लिए राजनीति छोड़ने का निश्चय किया, उसका अहं ही उसकी सबसे बडी मनोग्रंथि थी। वह राजनीति के पद से त्याग देकर ग्रामीण जन–सेवा की ओर अपने कदम बढाता है। वह कहता है –अगर मुझे कोई शांति से नही रहने नही देता तो वो है ये लोग। जो ये बातें करते है मेरे बारे में अपशब्द कहते है मै उन्ही से चिंतित हो जाता है। मुझमें अगर

कोई प्रतिरोध को उत्पन्न करता है, तो है उनके द्वारा कहे गये शब्द मैं नही चाहता, कि मेरे कर्तव्य और मेरे बीच किसी और का एक शब्द भी आए। [57]

'मुक्तिबोध' में सहाय ने व्यक्तित्व को महत्वपूर्ण माना है।वह अपने व्यक्तित्व को बनाये रखने में ही विश्वास करता है। वह क्रोध में आकर राजनीति को छोड़ने की घोषणा तो कर देता है, परन्तु इससे उसकी प्रतिष्ठा को आघात पहुँचता है। इसलिए वह चाहता है कि कोई उसे इस पद पर रहने के लिए विवश करें। ऐसा कोई और नहीं उसकी पत्नी राजश्री करती है, जिससे वह बहुत खुश होता है। सहाय का एक पुत्र भी है जिसका नाम वीरेश्वर है। वीरेश्वर के शब्दो मे' यह सब कुछ दिखावा है, इनका ढोंग है। यह तो उपरी नखरे है, जो यह जता रहे है कि मुझे इस पद की कोई आवश्यकता नही, अपना इतना समय इन्होने यू हीं नही लगाया राजनीति में। यह तो इस पद को ही पाना चाहते थें इसक लिए तो उन्होने बहुत त्याग तपस्या की है। यह दिखाना चाहते है कि तुम चाहते हो तो मैं यह पद संभाल लूंगा, जैसे कि इन्हें पद नही चाहिए पद को इनकी जरूरत है'।[58]

सहाय प्रेम तो नीलिमा से करता है, लेकिन उनका विवाह राजश्री से हो जाता है। नीलिमा से विवाह न होने पर वह असंतुष्ट हो जाता है। वह अपने जीवन में नीलिमा को महत्वपूर्ण स्थान देता है। राजश्री से सहाय को प्रेरणा और नीलिमा से शक्ति एवं स्फूर्ति प्राप्त होती है। असफल कामनाओं और सामाजिक मयार्दाओं के बीच उलझन में फंस जाता है और इससे उसका व्यक्तित्व कुंठित हो जाता है।

सहाय की कुण्ठा को दूर करने के लिए 'स्व' को 'पर' मे विलीन करना पडता है अर्थात आत्मा का परमात्मा में डुबोकर

ही मुक्ति व्यक्तित्व का मार्ग अपनाया जा सकता है। इसी अहं के कारण वह व्यध्कितत्व को सबसे ऊँचा स्थान देता है। सहाय का कहना है कि – " मेरा मानना है कि सबका व्यक्तित्व होना चाहिए। इसी को प्रथम रखना चाहिए। मैं ऐसे संबध को नही मानता, जिससे किसी के व्यक्तित्व पर सवाल उठे, उसके व्यक्तित्व का समर्थन न हो सके। सबसे उपर सबका अपनी ही व्यक्तित्व होना चाहिए। व्यक्तित्व से बढकर कुछ नही।[59]

उपन्यास में नीलिमा को सहाय ने अपने मन में महत्वपूर्ण स्थान दिया है। वह अपनी पत्नी से ज्यादा निकट नीलिमा के है। नीलिमा सहाय की प्रेमिका है। उन दोनो का विवाह नही हुआ, फिर वो दोनो एक दूसरे को प्रेम करते है। सहाय नीलिमा के बारे मे कहते है – मेरे लिए नीलिमा ही सब कुछ है। मेरा मुझमें कुछ भी नही, मैं जब उसके साथ होता हूँ, तो सभी काम करने की शक्ति मुझमें आ जाती है। वो होती है तो सब कुछ अच्छा लगता है, सारा वातावरण भी लगता है जैसे नीलिमा से ही हो। वह मेरी परिस्थितियों में मुझे सही मोड़ देती है। सारी शक्ति का अनुभव मुझे नीलिमा के सम्मुख होने से ही होता है। मानो सहाय के मन में नीलिमा ही बसती है।[60]

सहाय और नीलिमा का एक अलग ही सबधं है। वो दोनो एक दूसरे से प्रेम तो करते है लेकिन एक दूसरे को समझते भी है। उनका प्रेम शारीरिक संबध का न होकर, उससे उपर मानसिक चिंतन तक पहुँचता है। उनमें शरीर से मिलने वाला रस तो है, लेकिन दोनों में समझने और समझाने की प्रवृति प्रबल है। श्री चन्द्रकांत बांदिवडेकर ने उन दोनों के बारे में कहा है–दोनों का प्रेम रस, सौदंर्य के साथ–साथ बंधन मुक्त भी है। उनके प्रेम को शब्दों में व्यक्त नही किया जा सकता।

उनका प्रेम शरीर से हाता हुआ, मानसिक और आत्मिक संबध से भी जुडा है। उनमें स्त्री–पुरूष का संबध तो है, लेकिन सहाय और नीलिमा के प्रेम में काम भावना की प्रमुखता न होकर उदात्त प्रेम की अधिकता देखने को मिलती है।[61]

उन दोनो के रिश्ते को शब्दों में परिभाषित करना संभव नही है। दोनो एक–दूसरे को पाकर ही अपने को पूर्ण मानते है। नीलिमा का मानना है कि वह तभी अमर है, जब सहाय के सम्मुख आपा भूल जाती है। इसलिए सहाय के सम्मुख नीलिमा समर्पण करके स्वयं को अमर समझती है। इस प्रकार दोनो का संबध ही अमर है।[62]

नीलिमा सहाय को उसकी अच्छाई एवं बुराई दोनों के साथ स्वीकार करती है। वह उसमें कोई बदलाव नही चाहती। सहाय को पाकर उसे सहयोग एवं शक्ति प्राप्त होती है जिससे वह अपने जीवन को संपूर्ण मानती है, अर्थात सफल समझती है। नीलिमा के इस त्याग एवं समर्पण को देखकर सहाय कहता है,– सभी सुधार चाहते है, बदलाव चाहते है, अच्छा व्यक्ति चाहते है, तुम महान हो, तुमने मुझे मेरे इसी रूप में स्वीकार किया। कभी भी कोई संशोधन, बदलाव करना नही चाहा, यही सच्चा प्रेम है। तुमने कभी मुझसे कुछ नही कहा, तुम्हारे इसी अंदाज पर मै बलिहारी हूँ, तुमसे मुझे जो मिला है, मैने उसी को बल एंव शक्ति का नाम दिया है।[63]

राजश्री जो कि सहाय की पत्नी है। वह सहाय को सहयोग प्रदान न कर सकी। सहाय को दुविधा से बाहर निकालने के लिए नीलिमा हर संभव प्रयास करती है। नीलिमा से ही सहाय को दुविधा से मुक्त होने का सहयोग मिलता है। सहाय अपने मन की बात किसी ओर के समक्ष नही कर

सकता। इसलिए वह अर्तद्वंद्व से पीडित है। नीलिमा सहाय की आंतरिक पीड़ा की दूर करने के लिए, उसे उत्साह देती हुई कहती है –वह कहती है कि तुम अदर ही अंदर घुट रहे हो, अपनी पीडा को मेरे साथ बांटो, अदंर दबी पीडा को बाहर निकालो, उसके बारे में तर्क–वितर्क करो। ऐसा करनें से तुम्हारा मन हल्का हो जाएगा। तुम्हारी पीड़ा कम होगी, तभी सब शांत होगा। इसलिए सहाय के व्यक्तित्व को पूर्णता देने में नीलिमा का सहयोग महत्वपूर्ण स्थान रखता है।[64]

उपन्यास में सहाय की पत्नी राजश्री भी एक महत्वपूर्ण स्थान रखती है। राजश्री एक समर्थ एवं सुलझी हुई नारी है। वह अपने पति की पीड़ा को दूर करना तो चाहती है, लेकिन पति को पत्नी पर विश्वास नहीं। पति को विश्वास दिलाने के लिए ही राजश्री कहती है तुमने तो मुझ पर अविश्वास ही जताया है, मुझे अपने साथ खड़ा नही किया, सुख–दुख में शामिल भी नही किया। तुमने तो मुझे कहीं अपनों की गिनती में ही नही गिना। यह सब अच्छा नही किया, इच्छा तो तुम्हारी ही होगी, चाहे विश्वास करो चाहे नही। एक पत्नी कभी अपने पति से अलग नही खडी हो सकती। वह हर कीमत पर अपना फर्ज निभाती है। हर कीमत पर पत्नी धर्म का पालन करती है। यह तो विधि का विधान है कि पत्नी का धर्म पति के साथ ही होता है। वो दो नही एक है।[65]

अनामस्वामी

'अनामस्वामी' उपन्यास में जैनेन्द्र कुमार ने चिंतन को अधिक महत्ता दी है। उन्होने बताया है कि व्यक्ति को अपने संघर्ष और कुण्ठाओं से लडने की शक्ति स्वयं से ही प्राप्त होती है।

उसके भीतर ही यह शक्ति छुपी होती है। उन्होने बताया है कि इसांन की स्वयं की शक्ति के आगे सामाजिक व्यवस्था और संस्था शक्तिहीन है। 'अनामस्वामी' उपन्यास में भी अनंतर उपन्यास की भांति अलग – अलग व्यक्तित्व रखने वाले पात्रों को निरूपित किया गया है। इस उपन्यास में पात्रों को अन्य उपन्यास के पात्रों का चोला पहनाकर, अपने लाभ के लिए अग्रसर होता हुआ दिखाया गया है।

जैनेन्द्र ने त्यागपत्र के पात्र प्रमोद के रूप में अनामस्वामी में सर पी0 दयाल को प्रस्तुत किया है। अनामस्वामी आश्रम में रहता है, उसने समस्त संसार को त्याग किया हुआ है। वह मान प्रतिष्ठा, धन–संपति आदि को कोई महत्व नही देता। इसी कारण अनामस्वामी आश्रम का स्वामी बन गया। अपने मन का बोझ उतारने के लिए सर पी दयाल भी अनामस्वामी के आश्रम में रहने लगता है। अनामस्वामी के संपर्क से सर पी0 दयाल संसार को तुच्छ समझता है और वह ईश्वरीय अध्यात्म की ओर अग्रसर होता है। उनका कथन है –ईश्वर को पाने के लिए सबसे पहले स्वयं को ही शुन्य करना पडता है। मैं समस्त सांसारिक जीवन को त्याग कर ईश्वर में विलीन होना चाहता हूँ। पिता के सम्मान के लिए संतान का अपमान करना चाहता हूँ, मैं अपने अहं को छोड़कर ही पूर्ण हो जाउॅगा। नारायण तक पहुॅच सकता हूँ तभी ईश्वरीय सत्ता को जान पाउॅगा'।[66]

अनामस्वामी उच्च व्यक्तित्व वाला व्यक्ति है। उसके मन में बाहरी रूप के प्रति कोई आकर्षण नही है, वह सभी के प्रति समान व्यवहार रखता है। उसके मन मे किसी के प्रति कोई द्वेष नहीं है। इसका स्पष्ट प्रति पादन तब देखने को मिलता

है। जब वसुधरा अनामस्वामी के आश्रम में आश्रय मांगती है। वसुंधरा कुमार की पत्नी है। वसुधरा को आश्रम में देखकर लोग उनके बारे में वासनापूर्ति वाली बाते करते है। इसके संदर्भ में अनामस्वामी कहता है – मैं भी तुम्हारी ही भांति हाड–मॉस वाला व्यक्ति हूँ। मेरे अंदर भी अनुरक्त प्रेम है, जैसे सभी का प्रेम पर हक है। किंतु मेरा प्रेम ब्रहमचर्य वाला प्रेम है। मैं यह बात एक वसुंधरा के सम्मुख नहीं, अपितु एक एक व्यक्ति से कह सकता है। [67]

'अनामस्वामी' सांसरिक जीवियों को अपूर्ण मानता है, वह ब्रहम को पाने के लिए स्वयं को परहित में परिवर्तित करना है। जैनेन्द्र कुमार ने अनामस्वामी के विचारों के द्वारा अपने को गेस्टाल्ट वाद के समीप रखा। अनामस्वामी के अनुसार – हम सब तो एक भाग है। हम अपना वास्तविक रूप नहीं समझते। स्वयं को पूर्ण की गिनती में रखते है। सत्य तो यह है कि हम अपूर्ण है यहॉ अगर कोई पूर्ण है तो वह ईश्वर है, ईश्वरीय सत्ता को पाकर ही हम पूर्ण होते है। अन्यथा सब अपूर्ण है।[68]

शंकर उपाध्याय इलाहाबाद विश्वविद्यालय में ह्यूमनिटीज का डीन है। वसुंधरा शंकर उपाध्याय की प्रेमिका है। लेकिन उन दोनों का विवाह नही होता। वसुधंरा का विवाह कुमार से हो जाता है। जिससे शंकर उपाध्याय का मानसिक सतुंलन बिगड़ जाता है। अपनी काम कुण्ठा को शांत करने के लिए वह किसी ओर से विवाह कर लेता है। ऐसा करने से भी उसकी मानसिक पीडा कम नही होती। वह अपने मन की शांति के लिए वसुंधरा को दुखी करके खुशी महसूस करता है। वह अहम का शिकार हो गया है। शंकर उपाध्याय वसुंधरा से बदला लेने के लिए उसके पति को जहर देकर पक्षाघात

का शिकार बना देता है। प्रेमिका वसुंधरा को भी जहर देकर मार देता है। ऐसा करने से उसमें हीन भावना का उदय होता है। अतं में वह अपने मन की शांति के लिए अपनी पत्नी को भी मार डालता है और स्वयं को भी मुत्यु के हाथो में ही सौप देता है।

शंकर उपाध्याय इतनी प्रतिष्ठा और सम्मान पाने के बावजूद भी एक ऐसा हिंसात्मक व्यक्तित्व दर्शाता है, कि उसका अंत होना सभंव हो जाता है। अनामस्वामी, उपन्यास भी अन्य उपन्यासों की भांति त्रिकोण प्रेम वाला ही उपन्यास है। इस उपन्यास में व्यक्तित्व के विचारों से अधिक संस्कृति चिंतन को प्रमुखता मिली है।

अनंतर

अनंतर उपन्यास में जैनेन्द्र कुमार ने विभिन्न पहलुओ पर अपने विचार प्रकट किये है। जैसे –जीवन विषयक मूल्यों और स्थापनाओं के बारे में चिंतन और तर्क के द्वारा विवेचन करने के प्रयास में उन्होने काम, प्रेम, नर–नारी, राजनीति, नियति, कर्म, त्याग, भोग अस्तित्व, संस्कृति, हिंसा, अहिंसा, ज्ञान, विज्ञान, उद्योग नीति आदि। अनतंर के पात्रों को दो भागो में विभाजित किया गया है। प्रसाद गुरू आनंद, माधव अपराजिता, बनाने आदि आध्यामिकता में विश्वास रखते है और रामेश्वर, आदित्य प्रकाश आदि अलौकिक जीवन सागर के बड़े तैराकी है। इन पात्रों के माध्यम से जैनेन्द्र कुमार ने अपने विचारो को प्रकट किया है।

प्रसाद एक ऐसा पात्र है जो अपने बच्चो के साथ सुखी जीवन बिता रहा है। बासठ वर्ष को अवस्था में वह व्यर्थ और

निरर्थक विचारो से घिरे हुए रहने के कारण, स्वयं को अपने जीवन सें मुक्त करना चाहता है। अव वह अपनी अप्रसन्नता से अत्यधिक दुखी हो जात है। अपने अन्तर्द्वंद्व को इन शब्दों में व्यक्त करता है। समाज में प्रतिष्ठा तो अच्छी है और कई मेरे जीवन जैसे अपना जीवन भी व्यतीत करना चाहता होगा। लेकिन मेरे अंतर्द्वंद के बारे में कोई नही जानता। मैं स्वयं से ही कितना कटा हुआ हूँ, मैं अपने व्यवसाय और उससे निकलने वाले परिणाम से बहुत दुखी है। वह बहुत निराश है, अपने को सबसे अलग रखना चाहता है और स्वयं को मुक्त करना चाहता है।[69]

प्रसाद ब्रहम को जानने के लिए दो अलग–अलग कारणों की खोज करती है। भेदसूचक विज्ञान और अभेद मूलक ज्ञान, इन दोनो के प्रयास से वह ब्रहम को जानना चाहता है। वह ब्रह्माण्ड और पिण्ड दोनो को एक समान स्वीकार करता हुआ कहता है – ज्ञान और विज्ञान दोनों ही एक–दूसरे के पूरक है। जिसे खोजा गया, वह विज्ञान है और जिसे अभ्यास से सीखा गया, वह ज्ञान है। दोनों से ही हम सत्य की ओर अग्रसर होते है। मानव चरित्र में दुविधा की प्रकिया चलती रहती है। बुद्धि तोड़ कर लेती और सार्थक होती है। श्रद्धा युक्त होकर मुक्त होती है। इसलिए दोनों ही एक दूसरे के पूरक है' ।[70]

जीव और जगत के बारे में विचार करते समय द्वैत भावना को वह स्वीकार करता है। प्रसाद गुणातीत होना ही सत्य मानता है। प्रसाद के अनुसार हमें मुक्त होना है, स्वयं को त्यागना है, हमें अद्वैत को पाना है, गुण और अगुण के विषय में विचार नही करना, अच्छा है, बुरा है, नही जानना।

अगर हमने सत्य को नहीं अपनाया तो कुछ भी संभव नही। मानव जाति तो गुण और अवगुण की दुविधा में ही रह जाती है।[71]

'अनंतर' का पात्र गुरू माधव ब्रहमचारी है, और समाज–सेवी भी है। गुरू आंनद माधव के विचार गॉधी जी के विचारो का समर्थन करते है। गुरू आनंद माधव भारतीय समाज के प्रतिनिधि बनकर सबके प्रेरणा स्रोत और शक्ति का स्रोत है। माधव बुद्धिवाद की अपेक्षा शारीरिक श्रम को अधिक महत्वपूर्ण मानते है।

अपरा भारतीय संस्कृति को महत्ता देती है। वह आठ वर्ष तक विदेश में रहती है, जब वह भारत लौटती है, तो वह अपने विवाह को खत्म करके ही लौटती है। वह सामाजिक संबधो में विश्वास नही रखती। वह सर्वोपरि स्त्रीत्व कों महत्ता देती है। अब उसका मन सब चीजों से उठ चुका है, वह न तो वैवाहिक जीवन चाहती है और न ही भोगमय जीवन को जीना चाहती है। अंत में वह अपने जीवन को कोई सही मार्ग देना चाहती है। वह प्रसाद के साथ समाज सेवा करने में लीन हो जाती है। इसमें उसका कोई भोग एवं कामजन्य भाव नही है। वह भारतीय संस्कृति के प्रति आदर भाव रखती है। अपरा कहती है कि 'विलायत में इतना कुछ देखा है, अब ओर नही सह सकती। वह न किसी का साथ चाहती है, न ही किसी की पत्नी बनना। वह बस सच्चे मन से समाज की सेवा करना चाहती है।[72]

अपरा सेवा को ही परम धर्म समझती है। वह सेवा करने के लिए ही प्रसाद के घर में रहती है, इसके पीछे उसका कोई स्वार्थ नही है। वह उसके जीवन के बारे में कुछ नही जानना

चाहती है। वह कहती है, मुझे तुम्हारे बाहरी रूप या आंतरिक रूप से कुछ नही लेना। अपरा का कहना है – मेरा स्थान तुम्हारे घर में एक सेविका का ही है। तुम विश्वास रखो, मैं अपने स्थान को कभी भी नही भूलूॅंगी मैं निस्वार्थ भाव से ही तुम्हारी सेवा करूँगी। एक सेविका बनकर ही रहूँगी।[73]

अपरा दूसरो के लिए अपने जीवन को समर्पित करती है। वह सेवा को ही जीवन का अर्थ मानती है। उसके व्यक्तित्व में जहॉ सेवा और समपर्ण का भाव होता है। वही से उसे शक्ति मिलती है। ऐसा करने से उसका स्त्रीत्व अधिक आदरणीय हो जाता है। उसकी सेवा को प्रसाद इन शब्दों में व्यक्त करता है –" मेरे हर काम के लिए स्वयं को हर समय मौजूद रखती है। मेरे कपडें धोती है, खाना बनाती है, जूतों पर पालिश करती है। कहने का मतलब मेरा हर छोटे से छोटा काम करती है। अपनी वेशभूषा तो ऐसी रखती है, जैसे उसे सेवा के अलावा कुछ और नही आता। मुझे तो अपने हाथ से पानी का एक गिलास भी नही उठाने देती। वह जीवन को तभी सफल मानती है, जब जीवन को दूसरों की सेवा में समर्पित किया जाए।[74]

अपरा सामाजिक बंधनो में नही बंधना चाहती। वह न तो किसी की पत्नी बनना चाहती है और न ही प्रेमिका। वह पत्नी बनकर अपने को मिटाना नही चाहती। वह किसी से भी सेवा के अतिरिक्त कोई संबध नही रखना चाहती। सत्य के प्रति समर्पण ही उसका लक्ष्य है, उस पर विचार भी किया है ,वह पत्नी को अपने तक ही सीमित रखना चाहता है। मुझमें इतनी क्षमता नही कि मैं किसी एक में खो जाऊँ। मैं न किसी की पत्नी हूँ और न कभी हो सकती हूँ। अगर मैं अब किसी की

पत्नी बनना चाहती हूँ, तो वह मेरा धर्म है। मैं सदैव स्त्रीत्व को ही महत्ता देती हूँ।'[75]

अपरा अब धर्म के ही रास्ते पर चलना चाहती है वह ईश्वर को ही प्रेम मानकर, उसकी सेवा में लग जाती है। पूरे निस्वार्थ भाव से। वह इसी मार्ग को अपनाना चाहती है। समाज में रहकर किसी की सेवा करना कितना ही कठारे क्यों न हो, लेकिन वह सबसे लडकर करना चाहती है। वह ईश्वरोंन्मुख होने का निर्णय करती है – प्रेम और सेवा के मार्ग को ही ईश्वर को प्राप्त करने का मार्ग बताया गया है। फिर यह कितना भी मुश्किल क्यों न हो? मैने तो अपने आपको इसमें ही लीन कर लिया है। प्रभु के यहॉ प्रेम को ही ब्रहमचर्य कहा गया है'।[76]

उपन्यास में समाज सेविका के रूप में एक ओर पात्र भी उभरकर आया है, जिसका नाम बनानि है। उसके व्यक्तित्व को भी अपरा के व्यक्तित्व की तरह उॅचा स्थान दिया गया है। वह भी निस्वार्थ भाव से सेवा करती है। वह गुरू आनंद माधव के साथ समाज–सेवा का कार्य करती है। बनानि का परिचय– बनानि की प्रवृत्ति शुरू से ही अध्यात्म की और उन्मुख रही है। वह उच्च विचार रखने वाली महिला है। उसने विवाह भी नही किया। बनानि के व्यक्तित्व के रूप में जैनेन्द्र कुमार ने त्याग, सेवा, प्रेम, सहानुभूति, अहिंसा आदि को दर्शाया है। बनानि स्वार्थ से उपर उठकर माननीय भावों का समर्थन करने वाली स्त्री है। इसलिए उपन्यास में उसके व्यक्तित्व को उच्च स्थान मिला।

दर्शाक

'दर्शाक' उपन्यास में जैनेन्द्र कुमार ने नारी शोषण के बढते हुए रूप को दर्शाया है। उपन्यास की कथा को गति नारी

शोंषण को केन्द्र बनाकर ही दी है। नारी की स्थिति को सामाजिक चिंतन के रूप में प्रस्तत किया है। दर्शांक के पात्र– नारी रूप में रंजना सरस्वती, मधुरिमा, शेफालिकर आदि है। नारी पात्र के साथ–साथ समाज के प्रतिष्ठित व्यक्तियों जैसे– मंत्री और धर्मनेता आदि के व्यक्तित्व को जैनेन्द्र कुमार ने दर्शांक उपन्यास में दर्शाया है।

उपन्यास में जैनेन्द्र कुमार ने नारी शोषण के रूप में समाज में वैश्यावृति की समस्या को प्रस्तुत किया है। समाज में जो लोग जितने बड पद पर होते है, उनका व्यक्तित्व उतना ही छोटा होता है। उन्होनें उपन्यास में बताया है कि किस तरह स्त्री की देह से बढकर एक पुरूष के लिए कुछ नही है। इसमें पुरूष की चाहने की सीमा कभी समाप्त नही होती। इसलिए उपन्यास में जैनेन्द्र ने स्त्री के प्रति बढते हुए शाषण को प्रस्तुत किया है, इसी को समाज की सबसे बड़ी समस्या बताया है।[77]

रंजना विवाहित स्त्री है। पति के साथ तालमेल न होने के कारण, विवाह जैसा पवित्र बंधन टूट जाता है। यह हमारा सामाजिक नियम है, जब पति के साथ रिश्ता नही रहा, तो फिर किसी और के साथ कैसे रह सकता है। इसलिए पति के साथ–साथ सभी ने उससे अपना संबध तोड दिया। अब वह अकेली हो गई है। आर्थिक अभाव से पीडित भी है। आर्थिक स्थिति से विवश होकर वह शरीर को बेचने के व्यवसाय में आई है। रंजना के शब्दों में – शरीर के अलावा मेरे पास बेचने के लिए कुछ भी नही है। अगर मैं इसको न बेचूँ, तो तुम ही बताओं मेरे पास पैसे कहॉ से आयेगें। पैसे तो जरूरतो को पूरा करने के लिए चाहिए। पैसे तभी मिलेंगे, जब कुछ बेचा

जाये, इसलिए मैने आर्थिक स्थिति खराब होने के कारण अपने शरीर को बेच दिया।[78]

रंजना का संपर्क उच्च स्तर के व्यक्तियों के साथ है। रंजना का मन ऐसा व्यक्तित्व देखकर धर्म एवं सामाजिक नीति से उठ चुका है। अव वह इसमें विश्वास, नही करती। जब रंजना सरस्वती के रूप में स्वयं को प्रकट करती है, तो वह ओर भी निखर कर सामने आती है। उसका रूप अधिक प्रखर हो जाता है। रंजना के शब्दों में –किसी ओर पर तो कोई हक है नही। हम किसी भी चीज के मालिक नहीं है, सिवाय अपने शरीर के। निजी व्यापार के लिए तो वैश्यावृति से अच्छा कोई व्यापार नहीं। क्योकि एक वही हमारा अपना है।[79]

दर्शांक की एक पात्र मधुरिमा भी है। मधुरिमा गृहस्थी और विवाह को स्वार्थ का ही नाम देती है। वह दुनिया से स्वयं को अलग कर लेना भी धर्म नही मानती, लेकिन इन सबको खोखला जरूर मानती है। मधुरिमा के अनुसार – वह स्त्री और पुरूष के संबंध में कोई दोष नही मानती। लेकिन समाज ने स्त्री–पुरूष संबध के लिए विवाह जैसे शब्द को मान्यता दी है। इसलिए विवाह से अलग कोई ऐसा रिश्ता हो तो वह दोष ही है। स्त्री–पुरूष का संबध विवाह से पवित्र बन जाता है और बिना विवाह के समाज पर कंलक के रूप में उभरता है। मैं इन ढकोसलों को नही मानती। मधुरिमा कहती है कि जो अमान्य को मान्य बना दे, उसे विवाह का नाम दिया गया है। यह सब के स्वार्थ ही है।[80]

उपन्यास में नारियों की ऐसी दयनीय स्थिति का उत्तरदायित्व, जैनेन्द्र कुमार समाज को ही मानता है, उनका कहना है कि कोई भी स्त्री वैश्या बनकर खुश नही होती। वह

परिवार से संबध टूटने और कोई अन्य रास्ता न मिलने पर ही इस राह पर चलती है। इसके लिए मजबूर समाज ही करता है। वैश्या का कार्य वह भोगोपभोग के लिए नही करती, यह उसकी आजीविका और पेट को पूर्ति के लिए है। यह किसी धर्म का खडंन करना नही है। यह तो उनके निज का व्यापार है, जब कोई दूसरा रास्ता नही मिलता, तो वह यही करती है, इसमें उसकी कोई कामनापूर्ति नही होती।

जैनेन्द्र कुमार ने वैश्या को कभी भी हीन दृष्टि से नही देखा है। वैश्यावृत्ति को नारी शोषण के रूप में प्रस्तुत किया है। उन्होनें इन सब में अपने विचारों को प्रकट किया है। उनके विचार के अनुसार वैश्यावृत्ति के रूप में आर्थिक स्थिति के लिए नारी का शोषण किया गया है।

सन्दर्भ - सूची

1. जैनेन्द्र कुमार – सुनीता, पेज – 25
2. वही, पेज – 235
3. प्रो0 शशिभूषण सिंहल – हिन्दी उपन्यासः यात्रा गाथा, पेज – 100 – 101
4. जैनेन्द्र कुमार – सुनीता, पेज – 220
5. डॉ0 धनराज मानधाने – हिन्दी के मनोवैज्ञानिक उपन्यास, पेज – 141
6. जैनेन्द्र कुमार – सुनीता, पेज – 191
7. वही, पेज – 67
8. जैनेन्द्र कुमार, कल्याणी, पेज – 43
9. वही, पेज – 43

10. प्रो0 शशिभूषण सिंहल – हिन्दी उपन्यास यात्रा गाथा – 5, पेज – 108
11. जैनेन्द्र कुमार – कल्याणी, पेज – 64
12. हिन्दी उपन्यास का विकास और नैतिकता, पेज – 137
13. जैनेन्द्र कुमार – कल्याणी, पेज – 77
14. वही, पेज – 14
15. जैनेन्द्र कुमार – त्यागपत्र, पेज – 93
16. वही, पेज – 13
17. वही, पेज – 61
18. वही, पेज – 91
19. मधुरिमा कोहली – जैनेन्द्रः चिन्तन और सष्जन, पेज – 113
20. जैनेन्द्र कुमार – त्यागपत्र, पेज – 45
21. वही, पेज – 98
22. वही, पेज – 42
23. वही, पेज – 43
24. वही, पेज – 43
25. जैनेन्द्र कुमार – सारिका – जनवरी – 1989, पेज – 29
26. जैनेन्द्र कुमार – परख, पेज – 44
27. वही, पेज – 104
28. वही, पेज – 7
29. वही, पेज – 27
30. वही, पेज – 34

31. वही, पेज – 117
32. जैनेन्द्र कुमार – सुखदा, पेज – 9
33. वही, पेज – 38–39
34. वही, पेज – 19
35. वही, पेज – 17
36. वही, पेज – 26
37. वही, पेज – 32
38. डॉ0 बलराज सिंह राणा – उपन्यासकार – जैनेन्द्र के पात्रों की मनोवैज्ञानिक अध्ययन, पेज – 106
39. जैनेन्द्र कुमार – सुखदा, पेज – 68
40. वही, पेज – 45
41. जैनेन्द्र कुमार – विवर्त, पेज – 133
42. वही, पेज – 15
43. वही, पेज – 124
44. जैनेन्द्र कुमार – जयवर्धन – पेज – 201
45. वही, पेज – 123
46. वही, पेज – 29
47. वही, पेज – 107
48. वही, पेज – 22
49. वही, पेज – 15
50. जैनेन्द्र कुमार – जयवर्धन, पेज – 37
51. वही, पेज – 193

52. जैनेन्द्र कुमार – व्यतीत, पेज – 125
53. वही, पेज – 108
54. वही, पेज – 121
55. वही, पेज – 123
56. वही, पेज – 86
57. जैनेन्द्र कुमार – मुक्तिबोध, पेज – 124
58. वही, पेज – 111
59. वही, पेज – 12
60. वही, पेज – 48
61. चन्द्रकान्त बाँदिवडेकर – जैनेन्द्र कुमार के उपन्यास – मर्म की तलाश, पेज – 141
62. जैनेन्द्र कुमार – मुक्तिबोध, पेज – 50
63. वही, पेज – 124
64. वही, पेज – 53
65. वही, पेज – 11
66. जैनेन्द्र कुमार – अनामस्वामी, पेज – 11
67. वही, पेज – 162
68. वही, पेज – 31
69. जैनेन्द्र कुमार – अनंतर, पेज – 6
70. वही, पेज – 95 – 96
71. वही, पेज – 95, 96
72. वही, पेज – 134

73. वही, पेज – 56

74. वही, पेज – 44

75. जैनेन्द्र कुमार – पेज – 113

76. वही, पेज – 113

77. जैनेन्द्र कुमार – दर्शांक, पेज – 36

78. वही, पेज – 19

79. वही, पेज – 42

80. वही, पेज – 57

अध्याय - 4

जैनेन्द्र और उसके नारी पात्र

साहित्य के दूसरे नाम को ही जीवन का नाम दिया गया है। लेखन ने स्त्री और पुरूष के सबंधो को ही जीवन की सार्थकता कहा है। पुरूष के जीवन का आधार नारी है, कहने का तात्पर्य यह है कि जब वह बच्चा होता है तब नारी उसकी शिक्षिका के रूप में सामने होती है और जब वह कमाने लगता है तब भी उसे प्रेरणा और सहयोग नारी से ही मिलता है। जब पुरूष दुखी होता है। तब वह नारी के आंचल के नीचे ही अपने दुखो को कम करता है या भूल जाता है। राधा कृष्णन ने भी कहा है, जब काले बादलो से भरे आकाश के नीचे अधेंरा दिखाई देता है। तब रोशनी की कोई किरण नजर नही आती, उसी प्रकार जब हम अपने आपको अपनी प्रेममयी नारी के हाथों में ही सौप देते है। यहाँ पर कवि पतं ने भी नारी के विषय में अपने विचार प्रकट करते हुए कहते है – स्त्री के बिना संसार के सभी रंग फीके होते है अलंकारो में सर्वोतम अलकांर का नाम नारी को ही दिया गया है। स्त्री के बिना तो जीवन में कोई रस सौदर्य एवं मधुरता ही नही है। इसी कारण संपूर्ण साहित्य में भी नारी को ही दिखाया गया। उसी के इर्द–गिर्द

कहानी घूमती रहती है। भारतीय उपन्यास में भी नारी को ही महता प्रदान की है। प्रेमचंद ने भी विकास के स्तर पर नारी को ही श्रेष्ठ माना है। कहते है" मैं समस्त संसार को चलाने में नारी को पुरूष से श्रेष्ठ मानता हूँ, समझता हूँ, वह तो त्याग प्रेम, श्रद्धा और अंहिसा की देवी है।

उन्होनें कहा है स्त्री पुरूष से उतनी ही श्रेष्ठ है, जितना प्रकाश अधेरें से।[1]

प्रेमचंद के युग के उपन्यासों में भी नारी को उदार गौरवमय एवं आत्म बलिदानी के रूप में ही देखा गया। फिर नारी के बारे में ये पंक्ति कही गयी –आँचल में दूध और आखों में पानी जैसा दयनीय चित्रण ही देखने को मिलता भी था। जैनेन्द्र कुमार को ही व्यक्तिवादिता एवं मनोवैज्ञानिक प्रवृतियों की ओर उन्मुख कर युगांतरकारी मोड़ लाने का श्रेय प्रदान किया गया है। जैनेन्द्र ने नारी पात्र के लिए कहा है – मानो नारी पात्र अपने मनोवैज्ञानिक आधार पर खड़े होकर अपनी व्यक्तिगत चेतना को स्वर देते है, कि हम भी इंसान है, हमारी भी कुछ भावनाएं है।

जैनेन्द्र के उपन्यासों में नारी जीवन की समस्याओं, अतृप्त भावनाओं व कुठाओं का चित्रण करते हुए, मनावैज्ञानिक परिप्रेक्ष्य के अंतर्गत नारी के महत्व रूप के साथ साथ उसकी वैयक्तिक स्वतंत्रता की पुकार का भी विशद वर्णन किया है। जैनेन्द्र के अनुसार सब कुछ स्त्री बनाती है। पुरूष कुछ नही बनाता, न ही कुछ बिगाड़ता है। धर्म स्त्री पर टिका है, सभ्यता स्त्री पर टिकी है, मानो सारी दुनिया ही स्त्री पर निर्भर हो।[2]

जैनेन्द्र के उपन्यासों में नारी की स्थिति इस प्रकार दर्शायी गई है। 'परखउ' जैनेन्द्र का प्रथम उपन्यास है। यह

उपन्यास पूरी तरह प्रेमचंद के प्रभाव से मुक्त नही हो सका। इसलिए इसमें भावुकता का साम्राज्य अधिक मात्रा मे देखने को मिला और उनकी सभी विशेषताएँ उनके उपन्यास 'परख' में ही देखने को मिलती है। व्यैक्तिकवादिता मनोवैज्ञानिक प्रवृति प्रेम जो विवाह में परिणीत न हो सका। नारी के मन में द्वंद आदि सभी प्रवृतियों को जैनेन्द्र ने अपने साहित्य में उभारा है। परख उपन्यास की नायिका कट्टो है। कट्टो बाल–विधवा है, उसके पिता की मृत्यु हो चुकी है। अब वह अपनी बूढी मॉ के साथ गॉव में रहती है। कट्टो और सत्यधन मित्र है। सत्यधन कट्टो और उसकी मॉ के प्रति सहानुभूति दिखाता है, सत्यधन शहर में पढता है, शहर में सत्यधन का एक मित्र बिहारी है, जिसके पिता सत्यधन के साथ अच्छा व्यवहार करते है। सत्यधन का विवाह बिहारी की बहन गरिमा से लगभग तय हो जाता है। लेकिन जब सत्यधन छुट्टियों में गॉव आता है, तो वह कट्टो के प्रति आकर्षित हो जाता है। सत्यधन कट्टो को गिलहरी कहकर पुकारता है, यहाँ सत्यधन कट्टो की तुलना गिलहरी से करता है। वह कहता है जैसे गिलहरी कभी यहॉ दौडती है कभी वहां। गिलहरी जैसे भाव कट्टो में है, गिलहरी जब किसी चीज को खाती है, तो वो अपने पीछे वाले दोनों पैरो पर बैठ जाती है। और सामने वाले को ताकती रहती है। उस समय वह बहुत सुंदर लगती है, इसी प्रकार कट्टो भी एक मिनट में पता नही कहां भाग जाए जाता है।[3]

कट्टो सरल हृदय की एक ग्रामीण लड़की है। सत्यधन और कट्टो दोनों एक दूसरे के प्रति प्रेम भाव रखते है। परतुं सत्यधन कट्टो से विवाह नही कर सकता। वह अपनी

आत्म–ग्लानि से बचने के लिए कट्टो का विवाह बिहारी से करा देता है। वह विवाह के लिए उत्सुक नही है, लेकिन अपना दुर्भाग्य समझकर सब कुछ नियति के ऊपर छोड देती है। और बिहारी से विवाह कर लेती है। विवाह के बाद बिहारी और कट्टो मिलकर यज्ञ करते है, कि हम दोनों शरीर से नही आत्मा से एक होंगे। हमें कोई भी अलग नही कर सकता।[4]

इस उपन्यास में जैनेन्द्र ने कट्टो के रूप में अनेक गुणों की उत्कृष्टता प्रस्तुत की है। जैनेन्द्र ने कट्टो के रूप में नारी के विषय में कहा है कि नारी बडे से बडा त्याग कर सकती है, ममता का भाव नारी के मन में सहज रूप में रहता है। वह संसार के समस्त दुखों को धैर्य के साथ सहन करने की हिम्मत रखती है कट्टो कहती है – मैं सत्यधन के लिए कुछ भी करूँगी। उनकी खुशी के लिए तुम मेरा तन भी ले लो। ऐसा वह बिहारी से कहती है। मेरी ओर से उन्हें थोड़ी भी चिंता करनी पड़े, तो मैं स्वयं को माफ नही कर पाउॅगी। मैं फिर किस काम की जो उन्हें मेरे कारण थोड़ा भी दुख भुगतना पड़ें।[5]

कट्टो का यही आत्म त्याग उसे महान बना देता है। कट्टो के रूप में जैनेन्द्र की परिकल्पना नारी के गौरवमय रूप को चित्रित करने की थी और इसमें उन्हें पूर्ण सफलता प्राप्त हुई है।

'त्यागपत्र' जैनेन्द्र के अत्यंत महत्वपूर्ण उपन्यासों में एक है। इसकी नायिका मृणाल है, जो उपन्यास का केंद्रीय व्यक्तित्व है। उपन्यास की कथा मृणाल के चारो ओर घूमती है। मृणाल के माता पिता की मृत्यु हो चुकी है वह अपने भाई के साथ रहती है। परिवार में उसकी भाभी और एक भतीजा प्रमोद भी

है। वही किशोरावस्था में मृणाल शीला के भाई से प्रेम करने लगती है। घर पर इस बात का खुलासा होने पर मृणाल को भाभी द्वारा मार पडती है, और विवाह कहीं और कर दिया जाता है। मृणाल पति को प्रेम के बारे में बताती है, इस पर मृणाल को घर से निष्कासित कर दिया गया। प्रमोद को पता चलता है कि मृणाल कोयले वाले के घर रह रही है। वह उसे अपने साथ लाना चाहता है। लेकिन मृणाल उसके साथ आने को इंकार कर देती है। अब उसके गर्भवती होने पर कोयले वाला उसे छोडकर चला जाता है। अनेक वर्षो तक दर–दर की ठोकरें खाने के बाद आखिर मृणाल की मृत्यु हो जाती है।

जैनेन्द्र ने मनोवैज्ञानिक आधार पर मृणाल के चरित्र को प्रस्तुत किया है। वास्तव में ही मृणाल आत्म पीडन से पीडित है। मृणाल की प्रवृति इस प्रकार हो जाती है कि वह स्वयं ही पीड़ा पाकर संतोष महसूस करती है। उपन्यास में मृणाल का चरित्र आरभं से लेकर अंत अभिव्यक्ति न करके आत्म–त्याग के मार्ग को अपनाती है। इन सबको सहते सहते मृणाल के अपने जीवन के प्रति समाज के दोहरे मापदंडो के प्रति एक विद्रोह की भावना है, जो पाठको के मन को हिला देती है। लेकिन वह अपने विद्रोह को हिंसात्मक रूप नही देती। वह अपने मन में ही अपने विद्रोह को दबा लेती है क्योंकि वह समाज को नहीं तोड़ना चाहती। वह कहती है अगर समाज टूट गया तो फिर हम कहां जायेगें किसके अदंर रहकर बिगडेगें? मैं समाज के लिए इतना ही कर सकती हूॅ , कि समाज से अलग रहूॅ और उसकी मंगलाकाक्षा में स्वयं ही टूटती रहूॅ, मै स्वयं ही सब कुछ सहती रहूंगी'।[6]

अहिंसा ही प्रेम का दूसरा नाम है। मृणाल का व्यक्तित्व इसी तत्व से निर्मित हुआ है। वह आत्म त्याग को ही महत्वपूर्ण मानती है। डा0 देवराज उपाध्याय के अनुसार जैनेन्द्र गेस्टाल्टवादी उपन्यासकार है और गेस्टाल्ट मनोविज्ञान में संपूर्ण आकृति को विशेष प्रमुखता देते है। जैनेन्द्र जीवन में अखंडता के दर्शनाभिलाषी है और इसके लिए चराचर के प्रति प्रेम को जरूरी मानते है। इसलिए उन्होनें मान्यता ब्रहमाण्ड और पिंड में एक ही सत्ता व्याप्त है, इसी को दी है।

उन्होने कहा है कि मानव चलता रहता है, कही रूकता नही और अपना दर्द किसी को बताता नही। वही बंद दर्द उसके अदंर पनपता रहता है, यही मानव जीवन का सार है, यहीं जमा हुआ दर्द मानव जीवन की मानस मणि कहलाता है।[7] उपन्यास की कथा विवादों से भरी हुई है। इस पर आलोचको ने अनेक आक्षेप लगायें है। अपने जीवन के कठिन पलों में निराश होकर कोयले वाले से संबध के साथ रहने लगती है। मृणाल के अनुसार उसने मुझे उस समय सहारा दिया, जब मेरे पति ने मुझे घर से निकाल दिया था। मुझे उसके प्रेम को स्वीकार करना ही था, कोई दूसरा रास्ता नही था। वह कहती है कि अगर मैं उसके हाथ में निकलती तो वो मुझे मार डालता या स्वयं को क्षति पहुँचाता। वह प्रमोद को समझाते हुए कहती है कि उस समय मुझे कोयले वाले पर दया आ गई। मैं उसको रोक न पायी, मैं उसके अदंर बसने वाले भ्रम को नही तोड सकी। अगर मैं उसकी बात नहीं मानती तो उसके साथ गलत होता, अब मेरे पास जो कुछ भी बचा था मैने सब उसे सौप दिया।[8]

जैनेन्द्र कहते है ऐसा करने से समाज के समक्ष व्यक्ति मानव के रूप में मृणाल का चरित्र ही उभर कर सामने आता है।

कल्याणी – कल्याणी नारी के स्वतंत्र जीवन और गृहस्थ जीवन के द्वंद्व पर लिखा गया एक सशक्त उपन्यास है। 'कल्याणी' उपन्यास की केद्र पात्र कल्याणी ही है। कल्याणी ने विलायत से डॉक्टर की उपाधि प्राप्त की है, वह कुशल गृहिणी भी है। गृहस्थ जीवन में वह पतिव्रता धर्म एवं सद्विचारों वाली महिला है। डा0 असरानी उसका पति है जो जाली डिग्री लेकर डाक्टर बना है। असरानी कल्याणी की तुलना में अत्यंत तुच्छ विचारो वाला व्यक्ति है। असरानी और कल्याणी का विवाह सफल नही हो पाता। यहॉ कल्याणी के समक्ष गृहस्थ जीवन को लेकर यह प्रश्न उठता है –स्त्री के स्वतंत्र अस्तित्व को आगे रखे या पत्नीत्व के सामजस्य को। डा0 असरानी पत्नी कल्याणी से धन भी प्राप्त करना चाहता है, और उसे अपने अनुरूप भी ढालना चाहता है। वह चाहता है वह पत्नियों की तरह मेरी सेवा भी करें, मुझे खुश भी रखें। इन सबसें दुखी होकर कल्याणी अपने पति से कहती है 'पतिव्रता या डाक्टरी इन दोनो में से मुझे अगर एक चुनकर दे दो। मैं दो नाव पर सवार नही हो सकती। अगर मुझे चुनने के लिए कहोगे, तो मैं डाक्टर नही गृहिणी बनना चाहॅूगी, लेकिन तुम डाक्टर बनने के लिए कहोगे तो तुम्हें पत्नी की मांग के लिए थोडा उदार होना होगा।[9]

कल्याणी का विवाह सफल न हो सका। लेकिन वह अपने वैवाहिक जीवन को नये सिरे से शुरू करने की कोशिश करती है। कल्याणी में कोई विद्रोह की भावना नही है। उसे किसी से

भी कोई शिकायत नही थी, वह अपने जीवन को असफल मान चुकी थी और कोई नई राह तलाश कर रही थी। कल्याणी को देखकर एक बात स्पष्ट हो जाती है , कि वह कोई क्रांति या विद्रोह करना नही चाहती। वह जीवन से असतुष्ट थी और अपने मन की शांति के लिए नई राह की खोज कर रही थी। वह अपने पति से दुर्व्यवहार के स्थान पर प्रेम की प्राप्ति की कामना रखती थी। कल्याणी अपनी व्यथा को सहते हुए स्वयं को समाप्त करती जा रही थी।[1]

कल्याणी के असामान्य व्यवहार के दो कारण है एक तो यह कि वह भारतीय नारी है और भारतीय संस्कारो से जकडी हुई है। वह सोचती है कि पति के विरूद्व कुछ भी करने से समाज में उसकी बदनामी होगी इसका डर उसको हमेशा रोके रखता है, कल्याणी पति को भगवान का दर्जा देती है। वह कहती है कि आपने मुझसे विवाह करके मुझ पर उपकार किया है, वह अपने पति के इस उपकार के बदले उस पर सब कुछ न्यौछावर करने को तैयार हो जाती है। दूसरा कारण कल्याणी की आत्म पीड़ा की भावना है। जैनेन्द्र कुमार के अधिकतर उपन्यासों में पात्र आत्म–पीड़न से ग्रसित है। कल्याणी पति के दुर्व्यव्यवहार के लिए अपने आक्रोश को अपने अदंर ही समाए रखती है और आत्मपीड़न का शिकार हो जाती है। सामाजिक मर्यादाओं का भय उसे तिल तिल कर मारता है। इससे कल्याणी के हृदय का प्रेम समाप्त हो जाता है। कल्याणी मानसिक अंतर्द्वंद्व से इतना अधिक ग्रसित हो चुकी है, कि वह (हैल्युसिनेशन) मतिभ्रम का शिकार बन जाती है। उसे महसूस होने लगता है कि रात में उसके घर में भूत–प्रेत का साया होता है, वह अपने भ्रम में सोचती है कि एक बहुत ही सुंदर

स्त्री जो गर्भवती है, उसकी एक पुरूष द्वारा हत्या कर दी जाती है। कल्याणी आत्मपीड़ा सहते सहते सिमट जानी है यह उपन्यास की करूण त्रासदी ही है जो पाठक के हृदय में एक गहरी छाप छोड़ देती है। इसमें पुरूष प्रधान समाज दिखाया गया है। पुरूष के समक्ष नारी का कोई अस्तित्व नही है। भारतीय मनोवृति इसी तरह विकसित हुई है, पुरूष नारी को अपनी सपंति ही समझकर पूर्ण अधिकार के साथ उसका उपायोग करना चाहता है। डॉ0 असरानी भी पुरूष की इसी मनोवृति के उदाहरण है। कल्याणी के आत्मपीड़न सहन करने की शक्ति से पाठक अभिभूत हो सकता है, पर सहमत कतई नही। अपने पति के हाथों वह क्रूरता क्यों सहती है?[10]

जैनेन्द्र इस प्रश्न का उत्तर देते हुए अपने चिरपरिचित दर्शन को ही दोहराते है, पत्नी को दासी कहते है, वह दासी ही है। विश्व के मूल में यज्ञ है। त्याग पर भोग टिका है सुख की चाहत यहाँ सभी की पूरी नही हो सकती, स्त्री को निसर्ग से विसर्जन की पात्रता मिली है। वह सीधा सुख चाहकर अपने विर्सजन के अधिकार से वंचित होती है और उसके लिए अनाधिकृत है। उसकी पुकार मचाने से कुछ न होगा, कोलाहल बढेगा, दुख बढेगा, वही उसकी चरम और एकांत साधना, वही उसका धर्म। उसका पति से अलग कोई अस्तित्व न रहें, उसका सब कुछ पति में खो जाये। पत्नी को याद रहना चाहिए कि पति व्यक्ति नही है वह प्रतीक है। इसमें पत्नी को यह सोचने का अधिकार नही दिया गया कि पति में दोष भी हो सकते है। पति जैसा भी हो विकलांग हो, अपंग हो, बस वह पति है पति को देवता का दर्जा दिया गया है, हिदु शास्त्र में लिखा गया है। कि व्यक्ति रूप में संदेह बनकर पति के

स्थान पर चाहे जो हो, कैसा ही अपूर्ण हो या पूर्,। स्त्री उसको भी देवता के रूप में पूजती है, यही हिदुं शास्त्र का सत्य है।[11]

पाठक के सम्मुख कल्याणी के चरित्र से गुजरने के बाद दो रास्ते शेष रहते है – एक तो पाठक उसके विरूद्व आक्रेश अनुभव करते हुए दर्शाये गये जीवन को अस्वीकार करें या फिर उसके करूण अंत को त्रासदी से व्यथा अनुभव करते हुए उसके जीवन दर्शन की व्यर्थता का अनुभव करें। कल्याणी के प्रति कल्याणी उपन्यास में करूणा और सहानुभूति ही प्रकट होती है।

सुनीता – जैनेन्द्र का प्रथम उपन्यास परख प्रेम की कसौटी पर परखा गया, तो सुनीता विवाह को परखने वाला उपन्यास है। जैनेन्द्र के चिंतन से स्पष्ट हुआ हे कि जैनेन्द्र विवाह से अधिक प्रेम को महत्वपूर्ण मानते है। सामाजिक संबधो में उन्होने वैवाहिक जीवन में आने वाले प्रेम को सर्वाधिक महत्व दिया है। जैनेन्द्र ने अपनी इसी विचार धारा को उपन्यास सुनीता के माध्यम से व्यक्त किया है। सुनीता एक सर्वगुण संपन्न नारी है। उसका विवाह श्री कांत से हुआ है। जो उसके सौदर्य पर मोहित है और उसे अत्यधिक प्यार भी करता है। इसके बाद भी उन दोनो के जीवन में रिक्तता सी रहती है। जैनेन्द्र जी मानते है कि जब जागरण का मूल बिंदु नारी को अपने व्यक्तित्व का विकास निर्भय होकर करना चाहिए। उन्होने कहा है कि नारी तब तक अधूरी रहेगी, जब तक वह सब 'स्व' और 'पर' में भेद मानती रहेगी। अगर वह काम और प्रेम को डर के मारे ग्रहण करती है, तो उसका व्यक्तित्व कुंठित होगा ही।

जैनेन्द्र कुमार ने सुनीता उपन्यास में सुनीता को एक ऐसी नारी के रूप में प्रस्तुत किया है, जो अपने पति के राह

भटके हुए मित्र और अपने प्रेमी को गलत से सही मार्ग पर लाने के लिए नारी की उदात्ता की चरम सीमा पर पहुँच जाती है, कि अपने प्रेमी के समक्ष बिना किसी वासना के स्वयं को समर्पित कर देती है। सुनीता उपन्यास की सुनीता की तुलना 'रविन्द्रनाथ' के 'घरे बाहिरे' की मधुरानी से की जाती है और तुलनात्मक अध्ययन से यह स्पष्ट होता है कि मधुरानी की अपेक्षा सुनिता अधिक सशक्त नारी है। सुनिता में त्याग, प्रेम और आदर्शमात्रा अत्यधिक मात्रा में देखने को मिलते है। सुनीता सुंदर और सुशील होने के साथ साथ सुशिक्षित भी है। उच्च शिक्षा प्राप्त करने के बाद भी चूल्हा–चौके जैसे कार्य स्वयं करती है। वह अपनी गृहस्थी को बखूबी सभालना जानती है। सुनीता सबकी भावनाओ की कदर करती है। वह इतनी सशक्त है कि अपने कर्तव्यों एवं उतरदायित्वों का निर्वाह आसानी से कर सकें। सुनिता हरिप्रसन्न से कहती है, हमारा कर्तव्य है कि हम पुरूषों को आगे बढता हुआ देखें और स्वयं उनके पीछे पीछे चलें। विवाह पश्चात पुरूष का दायित्व होता है कि स्त्री को अपने साथ–साथ लेकर चले और अगर वह उससे पीछा छुड़ाना चाहे, तो भी न छुड़ा पायें। स्त्री का यह कर्तव्य होता है कि वह पुरूष को भटकने न दे।[12]

सुनीता हरिप्रसन्न को क्रांतिकारी मार्ग से हटाकर मनष्यों को श्रेणी में लाना चाहती है। वह सोचती है कि स्त्री पुरूष के साथ ही पूर्ण है, अगर ऐसा नही होता तो फिर स्त्री है ही किसलिए, स्त्री को इसलिए नही बनाया गया कि वह पुरूष से निरपेक्ष रहे, और प्रकृति को बंजर कर दे। दुनिया रेगिस्तान नही है, उसका काम तो लहलहाते हुए हरियाली बिखेरना ही है। इसलिए जगत में स्त्री और पुरूषों को संजोया है। वह

कहती है नहीं नही हरिप्रसन्न को खुला का खुला अकेला, इसी रास्ते पर कैसे रहने दिया जाये।[13]

सुनीता के व्यक्तित्व को पूर्णतः विकास प्रदान करने में दो पात्रो ने अहम् भूमिका निभाई। एक सुनीता का पति श्री कांत और दूसरा श्री कांत का मित्र हरिप्रसन्न। हरिप्रसन्न की दमित वासनाओं ने उसके मन में एक ग्रन्थि सी बना दी थी, जिससे वह क्रांति के, हिंसा के मार्ग पर चल पडता है। सुनीता को हरिप्रसन्न एक ऐसी औरत के रूप में देखता है जिसे देखकर उसके मुहँ से निकलता है। आखिर स्त्री क्या है ? उसके मन में सुनीता को पाने की इच्छा जागृत होती है। लेकिन जब सुनीता रात को काले घने जंगल में स्वयं को हरिप्रसन्न के सम्मुख समर्पण करती है, तो वह इस देह दान को स्वीकार करने में असफल होता है। वह सुनीता को पाने का इच्छुक तो है, लेकिन स्फूर्ति नही है।

श्री कांत सरल एवं सीधी प्रवृति का व्यक्ति है, वह पत्नी और मित्र के सबंध को देखकर भी दुखी नहीं है। सुनीता और हरिप्रसन्न दोनों एक दूसरे के प्रति आकर्षित है, श्री कांत इसके लिए सुनीता को गलत नही समझता। जब श्री कांत को पता चलता है कि हरिप्रसन्न और सुनीता दोनो ही एक रात घर से बाहर रहे है, इस बात से उसे न उन पर क्रोध आता है और न ही ईर्ष्या होती है। श्री कांत को इस बात की खुशी है कि सुनीता हरिप्रसन्न को हिंसा के मार्ग से हटाकर अहिंसा के मार्ग पर ले जाती है। उसे एक अच्छा मानव बना देती है। श्री कांत को प्रेम, अहिंसा, और गॉधीवाद विचारों की प्रतिमूर्ति बनाकर, जैनेन्द्र जी ने उसके चरित्र चित्रण को उभारा है।

सुनीता एक संस्कारी औरत है। पहले वह स्वयं को गलत समझती है कि पत्नी किसी ओर की है और आकर्षित किसी ओर के प्रति है। सुनीता ईश्वर में, विवाह में और पति में पूर्ण आस्था रखती है। किंतु वह कश–म–कश में है कि प्रेमी के व्यक्तित्व को कैसे सुधारा जाये। इसलिए वह प्रेमी के सम्मुख अपने शरीर को भी समर्पित कर देती है। इन सबसे हरिप्रसन्न के मन में सुनीता के प्रति करूणा और पीडा का ही अनुभव होता है। सुनीता हरिप्रसन्न की अतृप्त वासना को तृप्त करने लिए उसके सम्मुख प्रस्तुत हो जाती है सुनीता कहती है मैने कभी तुम्हें इंकार नही किया, मैं तो तुम्हारे सामने हूँ ,तुम क्यों डर रहे हो, क्यों मर रहे हो? तुम मुझे चाहते हो, मुझे ले लो, संकोच मत करो, अपने आपको मारो मत।[14]

जैनेन्द्र के मनोवैज्ञानिक उपन्यासों में से सुखदा उपन्यास भी एक है। अन्य उपन्यासों की भांति सुखदा उपन्यास में भी जैनेन्द्र जी के चिंतन मनोवैज्ञानिक सिद्वांतों के पहलू दिखाई देते है। सुखदा उपन्यास की केंद्र पात्र सुखदा ही है। जिसका व्यक्तित्व असाधारण है। एक नारी के विवाह से पूर्व कुछ सपने होते है। लेकिन विवाह के पश्चात सपने सच न होकर, स्वतंत्र अस्तित्व ही मिट जाता है। पति से सम्मान और प्रेम न मिलने पर अन्य पुरूष से संबंध आदि विषयों के द्वारा नारी के स्वतंत्र व्यक्तित्व का प्रश्न भी सुखदा उपन्यास में विवाह के टूट जाने तक पहुँच जाता है। सुखदा एक अमीर बाप की इकलौती संतान थी, वह सुंदर थी। सुखदा पति के रूप में एक ऐसे व्यक्ति को पाना चाहती थी, जो महिने में सात आठ सौ रूपये कमायें और कार आदि जैसी सुविधाएँ भी रखता हो। लेकिन उसका विवाह एक ऐसे व्यक्ति से होता है, जो

महिने में सिर्फ डेढ सौ रूपये ही कमाता है। कुछ समय के लिए तो वह अपने पति से मिलने वाले प्रेम और आदर से अपनी इच्छाओं को भूल जाती है। लेकिन बाद में उसे अपनी गृहस्थी में बहुत सी कमियॉ दिखाई देने लगती है। पति ने सब कुछ सुखदा के हाथों में सौप दिया, किंतु सुखदा अपने वैवाहिक जीवन से सतुंष्ट नही है। अब उसे घर में रहने से बेचैनी होने लगी है। सुखदा घर को छोड़ क्रांतिकारी दल में शामिल हो जाती है। दल में एक लाल नाम का व्यक्ति भी होता है, जिस पर सुखदा मुग्ध हो जाती है। इसके लिए वह कहती है, अगर किसी के प्रति संबध बनाने की इच्छा जागृत हुई, ऐसा मेरे साथ कभी कभी हुआ है। सुखदा का पति उस पर अत्यधिक विश्वास करता है, जिसके कारण सुखदा स्वयं को सुरक्षित रखती है, लेकिन सुखदा अपने पति पत्नी के रिश्ते से खुश नही है। इसलिए बाहर से कोई ऐसा व्यक्ति आया, जिसने उसके मन को छू लिया। वह कहती है, मुझे पता भी नही चला, समय भी नही लगा और मैं उसकी हो गयी।[15]

यहॉ सुखदा का विवाह विच्छेद के कगार पर आ खडा होता है। विवाह टूटने के कारणो में एक कारण उसका प्रेम भी है। सुखदा और उसके पति के बीच में अच्छे संबध न होने के कारण, उसके मन में तनाव की भावना जन्म ले लेती है। वह सोचती है कि पति अपनी पत्नियों को सदा अपनी दासी बनाकर रखना चाहते है, लेकिन पत्नी सदैव पति के कहने पर चले, यह सही नही है, यह उनकी भूल है। सुखदा अपनी इच्छानुसार सब कुछ न मिलने के कारण पति के विरूद्ध खड़ी हो जाती है। वह कहती है मैं आपकी गुलाम नही हूँ, जो

आपकी और घर की सभी बातों का ध्यान रखूॅ, मुझे बाहर भी जरूरी काम है, आप मूझे बांधकर नही बिठा सकते, मैं ऐसा होने नही दूंगी।[16]

सुखदा दो नावों पर सवार है। वह चिंतित है कि घर को अपनाए या राष्ट्र को। इन सब के बीच में वह अंतर्द्वंद्व से ग्रसित हो जाती है। सुखदा सोचती है, घर में एक दम पराधीन है। ऐसे में वह कोई उन्नति नही कर सकती। उसके आगे बढने के सारे रास्ते बंद हो जाते है। गृहस्थी एक ऐसा चक्रव्यूह है, जिसमें जीवन के प्रति कोई उत्साह नहीं। सुखदा इसी सब के मध्य पिसती रहती है।[17]

अब सुखदा इस स्थिति से बाहर निकलना चाहती है, वह कहती है, महिलाओं में उत्साह बढाने के लिए मुझे आगे कदम बढाना होगा। हम सब देश के वासी है, जितना पुरूषो का देंश पर हक है, उतना ही स्त्रियों का भी है, बल्कि कहॉ जाए कि भगवान ने ज्यादा बोझ हम स्त्रियों पर डाला है।[18] जब सुखदा क्रातिकारी दल में लाल से मिलती है, तो वह उसके प्रति आकर्षित हो जाती है। श्री कांत को लाल पसंद नही है, लेकिन सुखदा का उसके प्रति प्रेम देखकर वह उनसे दूर चला जाता है, ऐसा करते हुए कांत दुखी होता है, लेकिन वह सुखदा और लाल के प्रेम को स्वीकार कर लेता है।

श्री कांत सुखदा से कहता है, स्वतं़त्रता तुम्हारी अपनी है, कही आने जाने के लिए मैं तुम पर रोक लगाता हूँ, ये तो तुम मुझ पर झूठा आरोप लगा रही हो। मैं कहता हूँ, तुम्हें स्वयं में बदलाव लाने की कोई आवश्यकता नही है।[19]

श्री कांत विवाह के लिए कहता है, मैं पूछता हूँ, विवाह क्या है? मैं इसी बारे में सोचता रहता हूँ, क्या विवाह स्वतंत्रता

को बंदी बना देता है, स्वत्व का अपहरण कर लेता है? मैने तो सुना है सार्थकता समर्पण में होती है। किंतु समर्पण के विषय में तो मानव कुछ जानता ही नही।[20]

श्री कांत का लाल और सुखदा को आगे बढता देख स्वयं को पीछे हटाना कुछ सही नही लगता, लेकिन इन सबसे जैनेन्द्र की प्रेम और विवाह संबंधी विचार धारा को ही रूपायित किया गया है। प्रेमी और प्रेमिका तो यहाँ बनते ही रहेंगे ऐसा होना तो बंद नही होगा, इसलिए इन दोनों को सही ही मान लिया जाए। एक सत्य यह भी है कि पति–पत्नी के बिना समाज और सुरक्षित व्यवस्था की कल्पना नही की जा सकती। अगर सब कुछ अनिवार्य है, तो वह समाज की नीति, जो इनको देखकर ऑखें बंद कर लेती है। वो तो अब संकट से ही घिरी रहने वाली है। वह असुरक्षित ही रहेगी।[21]

उपन्यास के अंत में सुखदा परिवार की बर्बादी का कारण स्वयं को ठहराती है। इसका प्रायश्चित करने के लिए वह आत्म–पीड़ा को भोगती रहती है। जैनेन्द्र के अनुसार सुखदा का करूण अंत पाठको के मन में एक गहरी छाप छोड़ देता है। यह छाप टीस भरी होती है।

संदर्भ - सूची

1. प्रेमचन्द – गोदान, पेज – 140
2. जैनेन्द्र – व्यक्ति, कलाकार और चिंतक, पेज – 67
3. जैनेन्द्र कुमार – 'परख', पेज – 21
4. वही, वही, पेज – 104
5. वही, वही, पेज – 61–62

6. वही, 'त्याग–पत्र' – 1937, बम्बई, पेज – 80
7. जैनेन्द्र – वही, पेज – 36
8. वही – वही, पेज – 68 – 69
9. जैनेन्द्र – 'कल्याणी', पेज – 39
10. जैनेन्द्र – 'कल्याणी', पेज – 26
11. वही – वही, पेज – 71
12. जैनेन्द्र – 'सुनीता', पेज – 69
13. वही – वही, पेज – 74 – 75
14. जैनेन्द्र – 'सुनीता' – 1936, बम्बई – पेज – 208
15. जैनेन्द्र कुमार – 'सुखदा', पेज – 13
16. वही – वही, पेज – 41
17. वही – वही, पेज – 50
18. वही – वही, पेज – 51
19. वही – वही, पेज – 93
20. वही – वही, पेज – 93
21. जैनेन्द्र – इतस्ततः, पेज – 68

अध्याय - 5

निष्कर्ष

कहानी कार के रूप में जैनेन्द्र कुमार दार्शनिक विचारों से संबध रखते है। जैनेन्द्र जी के अनुसार ईश्वर से बडा सत्य कोई नही है, वही एक मात्र सत्य है। उसका स्वरूप चारों ओर फैला है। अगर मनुष्य को किसी से बल और शांति मिलती है, तो उसका एकमात्र साधन ईश्वर ही है। वह कहते है, अच्छे कर्म करने से पुण्य प्राप्त होता है और बुरे कर्म करने से पाप लगता है। जैनेन्द्र जी ने अपनी कहानियों का आधार सत्य, अहिंसा, त्याग, प्रेम और ब्रहमचर्य आदि सभी तत्वों को बनाया है।

जैनेन्द्र जी ने कहानियों में राजनीति, मृत्यु वैश्या आदि से संबधित विचारों को भी सम्मिलित किया है। जैनेन्द्र की कहानियों में पात्रों ने अपना किरदार बखूबी निभाया है। पात्रों के माध्यम से जैनेन्द्र जी अपने विचारो को पाठको तक पहुॅचाया है। जैनेन्द्र ने उपन्यासों में नारी पात्रों के महत्व को प्रतिपादित करने का प्रयत्न किया है। भारती साहित्य में नारी के अस्तित्व की गरिमा को आघात पहुँचते हुए दिखाया है। जैसे 'परख' उपन्यास में उन्होने परख की नायिका कट्टो का मनोवैंज्ञानिक स्तर पर अध्ययन करने का प्रयास किया है।

कट्टो के चरित्र में एक भावुक नारी की छवि देखने को मिलती है, इसी कारण वह आत्मपीड़न की शिकार है। जैनेन्द्र जी ने विवाह एवं प्रेम संबधी स्वयं चिंतन को पात्रों के माध्यम से व्यक्त किया है। उन्होनें मान्यता प्रेम संबध को ही दी है, वह नारी को गृहणी समझते है।

कल्याणी का चरित्र तो जैनेन्द्र के उपन्यासों में विस्मरणीय है। यह भी अन्य नारियों की भांति आत्मपीड़न की शिकार है। कल्याणी अच्छे स्वतंत्र वातावरण में पली–बड़ी है, लेकिन उसका पति संकुचित ह्रदय वाला व्यक्ति है। फिर भी वह भारतीय नारी होने के कारण पति के साथ गृहणी के रूप में रहने को तत्पर है। जैनेन्द्र जी ने कल्याणी को माध्यम बनाकर चेतन अचेतन के सघंर्ष को सफल बनाया है। कट्टो की ही भांति 'सुनीता' उपन्यास की पात्र सुनीता के चरित्र का भी अध्ययन किया गया है। जैनेन्द्र जी ने सुनीता के चरित्र–चित्रण में अपने चिंतन को व्यक्त किया है। सुनीता के अचेतन एवं अह ंके द्वंद को मनोवैज्ञानिक दृष्टि से सफलता प्राप्त हुई। सुनीता के निरावरण होने का प्रसंग भारतीय परपंरा में रहने वाले जन–मानस के मन में खटकने लगता है। यह प्रसंग अस्वाभाविक है, लेकिन सुनीता के पात्र की उदारता एवं अहिंसा, त्याग आदि को ऊँचाइयों पर पहुँचाने 'सुखदा' उपन्यास की पात्र सुखदा को जैनेन्द्र ने एक महत्वपूर्ण नारी पात्र की श्रेणी में रखा है। सुखदा अपने गृहस्थ जीवन से सतुंष्ट नही है। सुखदा जिससे प्रेम करती है, वह उसे मिल नही पाता, जिसके कारण वह समस्त जीवन को आग में ही गुजारने की कोशिश करती है। सुखदा को माध्यम बनाकर जैनेन्द्र ने उपन्यास में अहं का त्याग करने जैसी महत्वपूर्ण बात को

दर्शाया है। जैनेन्द्र ने अपने सभी पात्रों को अलग– अलग चरित्र में निरूपित किया है। मृणाल के माध्यम से उन्होनें व्यक्ति और समाज के बीच सघंर्ष की कथा व्यक्त की है। मृणाल समाज को दोहरी मान्यताओं के साथ समझौता नही कर पाती, जिसके कारण उसको जीवन भर संघर्ष करना पडता है। मृणाल भी अन्य नारी पात्रों की भांति आत्म–पीड़न का शिकार हो जाती है। मृणाल की मृत्यु पाठकों के दिमाग पर गहरी छाप छोड़ती है। उन्हें कुछ सोचने के लिए विवश कर देती है। अगर मनावैज्ञानिक दृष्टि से देखें तो मृणाल का स्त्री चित्रण आत्म–पीडन समाज की कटुनीतियों से टकराते हुए व्यक्ति की गाथा है। अतः हम स्पष्ट रूप से कह सकते है कि जैनेन्द्र के सभी नारी पात्र आत्म–पीड़न का ही शिकार है। सभी नारी पात्र अधिक दुख एवं पीड़ा सहते हुए भी समाज की मंगलाकाक्षा में ही लगे रहते है। अतः इस विश्लेषण से स्पष्ट होता है कि जैनेन्द्र के सभी कार्य चाहे कहानीकार के रूप में, चाहें उपन्यास कार के रूप में, हर दृष्टि से अद्वितीय है।

सन्दर्भ ग्रंथ सूची

जैनेन्द्र साहित्य

1. जैनेन्द्र, परख, पूर्वोदय प्रकाशन, नई दिल्ली। 1992
2. वही, सुनीता, पूर्वोदय प्रकाशन, नई दिल्ली। 1990
3. वही, त्यागपत्र, पूर्वोदय प्रकाशन, नई दिल्ली। 1992
4. वही, कल्याणी, पूर्वोदय प्रकाशन, नई दिल्ली। 1973
5. वही, सुखदा, हिन्दी पॉकेट बुक्स प्रा. लि. शाहदरा, दिल्ली। 1968
6. वही, विवर्त, पूर्वोदय प्रकाशन, नई दिल्ली। 1994
7. वही, व्यतीत, पूर्वोदय प्रकाशन, नई दिल्ली। 2002
8. वही, जयवर्धन, पूर्वोदय प्रकाशन, नई दिल्ली। 1990
9. वही, मुक्तिबोध, पूर्वोदय प्रकाशन, नई दिल्ली। 1994
10. वही, अनन्तर, पूर्वोदय प्रकाशन, नई दिल्ली। 1995
11. वही, अनामस्वामी, पूर्वोदय प्रकाशन, नई दिल्ली। 1991
12. वही, दशार्क, पूर्वोदय प्रकाशन, नई दिल्ली। 1991
13. वही, पत्नी और प्रेयसी, पूर्वोदय प्रकाशन, नई दिल्ली। 1953
14. वही, प्रेम और विवाह, पूर्वोदय प्रकाशन, नई दिल्ली। 2000

15. वही, मेरे भटकाव, पूर्वोदय प्रकाशन, नई दिल्ली। 1984

16. वही, साहित्य का श्रेय और प्रेय, पूर्वादय प्रकाशन, नई दिल्ली। 2002

17. वही, समय और हम, पूर्वोदय प्रकाशन, नई दिल्ली। 1996

18. वही, सोच विचार, पूर्वोदय प्रकाशन, नई दिल्ली। 1992

19. वही, पूर्वोदय , पूर्वोदय प्रकाशन, नई दिल्ली। 1950

20. वही, काम, प्रेम और परिवार, पूर्वादय प्रकाशन, नई दिल्ली। 1953

21. वही, समय, समस्या और सिद्धांत, पूर्वादय प्रकाशन, नई दिल्ली। 1971

22. जैनेन्द्र – इतस्ततः, पूर्वोदय प्रकाशन, दिल्ली । 1962

23. जैनेन्द्र, प्रेम में भगवान तथा अन्य कहानियाँ, पूर्वोदय प्रकाशन, दिल्ली।

24. जैनेन्द्र, जैनेन्द्र की कहानियाँ, भाग – 1, पूर्वोदय प्रकाशन, नई दिल्ली। 1978

25. वही, वही, भाग – 2, पूर्वोदय प्रकाशन नई, दिल्ली। 1983

26. वही, वही, भाग – 3, पूर्वोदय प्रकाशन, नई दिल्ली। 1975

27. वही, वही, भाग – 4, पूर्वोदय प्रकाशन, नई दिल्ली। 1982

28. वही, वही, भाग – 5, पूर्वोदय प्रकाशन, नई दिल्ली। 1978

29. वही, वही, भाग – 6, पूर्वोदय प्रकाशन, नई दिल्ली। 1984

30. वही, वही, भाग – 7, पूर्वोदय प्रकाशन, नई दिल्ली। 1983

31. वही, वही, भाग – 8, पूर्वोदय प्रकाशन, नई दिल्ली। 1985

32. वही, वही, भाग – 9, पूर्वोदय प्रकाशन, नई दिल्ली। 1983

33. वही, वही, भाग – 10, पूर्वोदय प्रकाशन, नई दिल्ली। 1978

अन्य साहित्य ग्रंथ सूची

34. अग्रवाल, बिन्दु हिन्दी उपन्यासों में नारी चित्रण, राधाकृष्ण प्रकाशन, दिल्ली। 1968

35. अज्ञेय, सच्चिदानन्द हीरानन्द, हिन्दी साहित्य आधुनिक परिदृश्य, भारतीय ज्ञानपीठ प्रकाशन

36. ओझा, राजकुमार, डॉ., मनोविज्ञान के सिद्धांत एवं संप्रदाय, विनोद पुस्तक मन्दिर, दिल्ली 1994

37. उपाध्याय, देवराज, डॉ., जैनेन्द्र के उपन्यासों का मनोवैज्ञानिक अध्ययन, पूर्वादय प्रकाशन, नई दिल्ली। 1991

38. कक्कड़, कुसुम, डॉ., जैनेन्द्र का जीवन दर्शन, पूर्वादय प्रकाशन, नई दिल्ली। 1975

39. किशोल, नवल, आधुनिक हिन्दी उपन्यास और मानवीय अर्थवत्ता, प्रकाशन संस्थान, नई दिल्ली। 1977

40. कुलश्रेष्ठ विजय, डॉ., जैनेन्द्रः उपन्यास और कला, पंचशील प्रकाशन, जयपुर। 1978

41. कौशिक, अशोक 108 उपनिषद, भाग–1 हिन्दी बुक सैन्टर, नई दिल्ली।

42. कौशिक, राधेश्याम, स्वातंत्र्योत्तर हिन्दी उपन्यास का शिल्प विधान, मंगल प्रकाशन, जयपुर। 1976

43. गुप्त, गणपतिचन्द, हिन्दी साहित्य का वैज्ञानिक इतिहास, लोकभारती प्रकाशन, इलाहाबाद। 1994

44. जैन, मधु, डॉ., जैनेन्द्र के उपन्यासों का मनोवैज्ञानिक विश्लेषण, अभिलाषा प्रकाशन, कानपुर। 1977

45. जॉसफ एन. के., डॉ. हिन्दी उपन्यासों में व्यक्तिवादी चेतना, जवाहर पुस्तकालय, कानपुर। 1989

46. त्यागी, सुमित्रा, डॉ., स्वातंत्र्योत्तर हिन्दी उपन्यास साहित्य में जीवन दर्शन, साहित्य प्रकाशन, नई दिल्ली 1978

47. तुलसी, त्रिलोकचन्द परिवेश, मन और साहित्य प्रतिभा प्रकाशन, होशियारपुर। 1974

48. दुबे, पुरुषोत्तम, डॉ., व्यक्ति चेतना और स्वातंत्रकृत हिन्दी उपन्यास, अनुपमा प्रकाशन, बम्बई। 1973

49. राणा, बलराज सिंह, डॉ., उपन्यासकार जैनेन्द्र के पात्रों का मनोवैज्ञानिक अध्ययन, संजय प्रकाशन, दिल्ली।

50. शर्मा, लक्ष्मीकान्त, डॉ., जैनेन्द्र के उपन्यासों की मनोवैज्ञानिक शैली, तात्विक अध्ययन पूर्वोदय प्रकाशन नई दिल्ली। 1975

51. शुक्ल, उमा, डॉ. भारतीय नारी : अस्मिता की पहचान लोकभारती प्रकाशन इलाहाबाद। 1994

52. शुक्ल, रामचन्द्र, चिन्तामणी, लोकभारती प्रकाशन, इलाहाबाद। 1992

53. हरिऔध प्रिय प्रवास, लोकभारती प्रकाशन, इलाहाबाद। 1992

54. श्रीवास्तव, परमानंद, जैनेन्द्र के उपन्यास, लोकभारती प्रकाशन, इलाहाबाद। 1993

55. वर्मा, राजकुमार, डॉ., हिन्दी साहित्य का आलोचनात्मक इतिहास, रामनारायणलाल प्रकाशक एवं विक्रेता, इलाहाबाद। 1954

56. मराठी, विश्वकोष भाग, महाराष्ट्र साहित्य संस्कृति, पुणे मंडक, मुम्बई। 1977

57. शर्मा, शकुन्तला, डॉ., जैनेन्द्र की कहानियों का मूल्यांकन, प्रकाशन, दिल्ली । 1978

58. तिवारी, रामचन्द्र, डॉ., हिन्दी का गद्य साहित्य, पूर्वोदय प्रकाशन, दिल्ली। 1969

59. भटनागर, रामरतन डॉ. जैनेन्द्र साहित्य और समीक्षा, साहित्य प्रकाशन, दिल्ली।

60. माचवे, प्रभाकर, जैनेन्द्र के विचार, पूर्वोदय प्रकाशन, दिल्ली। 1986

61. दुबे, पुरुषोतम, डॉ., व्यक्ति चेतना और स्वातंत्रयोत्तर, (हिन्दी उपन्यास)।

62. जैन, निर्मला, डॉ., जैनेन्द्र की सर्वश्रेष्ठ कहानियाँ, पूर्वोदय प्रकाशन, दिल्ली। 1983

63. प्रेमचन्द – गोदान,

पत्रिकाएँ

64. धर्मयुगगोविंद मिश्र – मई 1988

65. ज्ञानोदय – समकालीन भारतीय विशेषांक – नवंबर 1954

66. समीक्षा सम्पादक गोपाल, – 25 मार्च 1989,